Kommunität und Spiritualität

CHRISTOPH JOEST

Kommunität und Spiritualität

Gesammelte Aufsätze

EVANGELISCHE VERLAGSANSTALT
Leipzig

Christoph Joest, Dr. theol., Jahrgang 1949, studierte von 1969 bis 1975 Evangelische Theologie in Erlangen und in Hamburg und wurde 1979 zum Pfarrer der Evangelischen Kirche in Hessen und Nassau ordiniert, 1994 wurde er an der Jesuiten-Hochschule Sankt Georgen in Frankfurt am Main mit dem Thema »Spiritualität evangelischer Kommunitäten. Altkirchlich-monastische Tradition in der Spiritualität evangelischer Kommunitäten von heute« promoviert.
Seit 1973 lebt Joest als zölibatärer Bruder unter dem Namen Bruder Franziskus in der Jesus-Bruderschaft Gnadenthal. Er ist Spiritual im »Haus der Stille« in Gnadenthal und hat eine Ausbildung in Exerzitienbegleitung. Von 1999 bis 2014 war er Prior des Brüderzweiges der Jesus-Bruderschaft, seit 2016 befindet er sich im Ruhestand.

Bibliographische Information der Deutschen Nationalbibliothek
Die Deutsche Nationalbibliothek verzeichnet diese Publikation in der Deutschen Nationalbibliographie; detaillierte bibliographische Daten sind im Internet über http://dnb.dnb.de abrufbar.

© 2024 by Evangelische Verlagsanstalt GmbH · Leipzig
Printed in Germany

Das Werk einschließlich aller seiner Teile ist urheberrechtlich geschützt. Jede Verwertung außerhalb der Grenzen des Urheberrechtsgesetzes ist ohne Zustimmung des Verlags unzulässig und strafbar. Das gilt insbesondere für Vervielfältigungen, Übersetzungen, Mikroverfilmungen und die Einspeicherung und Verarbeitung in elektronischen Systemen.

Das Buch wurde auf alterungsbeständigem Papier gedruckt.

Gesamtgestaltung: Mario Moths, Marl
Druck und Binden: BELTZ Grafische Betriebe GmbH, Bad Langensalza

ISBN 978-3-374-07581-2 // eISBN (PDF) 978-3-374-07582-9
www.eva-leipzig.de

Christel Keller-Wentorf gewidmet,
ohne deren beständiges Bitten
dieses Buch nicht entstanden wäre

Vorwort

»Kommunität« und »Spiritualität« begleiten mich existenziell, seit ich vor über 50 Jahren in die Jesus-Bruderschaft Gnadenthal eingetreten bin. Deshalb konnte die Dissertation, mit der ich 1994 an der Theologisch-philosophischen Hochschule der Jesuiten in Frankfurt a. M., Sankt-Georgen, promoviert wurde, kein anderes Thema haben als: »Spiritualität evangelischer Kommunitäten«. Allerdings steht das Phänomen in einem erweiterten Kontext, wie der Untertitel zeigt: »Altkirchlich-monastische Tradition in der Spiritualität evangelischer Kommunitäten von heute«.

Diese Spannbreite spiegelt sich teilweise in den hier versammelten Aufsätzen wider. Neben der vertieften Beschäftigung mit dem ägyptischen Wüstenmönchtum (vor allem Pachom [287–347], aber auch Evagrios Pontikos [344–393]) waren immer auch die unterschiedlichsten Aspekte von evangelischer Spiritualität und von Kommunitäten in den Kirchen der Reformation im Fokus meines Arbeitens. In über dreißig Jahren sind so kleinere und größere Beiträge, Artikel und Aufsätze entstanden, die in verschiedenen Printmedien wie Büchern, Zeitschriften und Heften veröffentlicht wurden, und das weit gestreut. Vieles ist heute nicht mehr oder nur noch schwer zu finden. So entstand der Gedanke, alle diese

Arbeiten zu vereinen und in einem Sammelband wieder neu zugänglich zu machen. Ohne das beharrliche Bitten von Frau Prof. Dr. Christel Keller-Wentorf hätte ich wahrscheinlich nicht den Mut dazu gefunden. Ihr sei an dieser Stelle herzlich gedankt.

Die einzelnen Beiträge richteten sich an sehr verschiedene Leserkreise. Deshalb sind sie im Stil recht unterschiedlich. Neben wissenschaftlichen Arbeiten mit einem entsprechenden Anmerkungs-Apparat stehen einfache, schlichte Darstellungen und Berichte. Vielleicht gibt das der Sammlung einen besonderen Reiz. Wiederholungen sind bei diesem Vorgehen natürlich unvermeidlich. Dennoch hat jeder einzelne Beitrag einen eigenen Akzent und steuert einen je eigenen Aspekt zum Gesamtbild bei. Ich danke allen Verlagen, in denen meine Arbeiten ursprünglich veröffentlicht wurden, für die freundlich erteilte Abdruckerlaubnis. Ein Verzeichnis der Orte der Erstveröffentlichungen findet sich am Ende dieses Buches. Vor allem danke ich Frau Dr. Annette Weidhas von der Evangelischen Verlagsanstalt Leipzig für die spontane Akzeptanz dieses Projektes und die Aufnahme des Buches in das Verlagsprogramm.

Gnadenthal, am Tag des hl. Franz v. Assisi,
dem 4. Oktober 2023,
Br. Franziskus Christoph Joest

Geleitwort

Seit den gottesdienstlichen Versammlungen in Privathäusern im ersten Jahrhundert hat das Christentum im Laufe seiner langen Geschichte eine große Vielfalt von Sozial- und Organisationsformen ausgebildet. Im Hören auf die Stimme Jesu Christi und in Wechselwirkung mit den jeweiligen rechtlich-politischen, sozial-kulturellen und technologischen Rahmenbedingungen entstanden unzählige Initiativen, Bewegungen, Netzwerke, Freundeskreise, Gemeinschaften, Konvente, Vereine, Orden, Bünde, Körperschaften, Nonprofit-Organisationen und Unternehmen. In immer neuen Varianten verbanden sich darin geistliche Profile, Anliegen und Haltungen mit Gemeinschaftsbezügen und organisatorischen Regeln.

Seit der konstantinischen Wende im 4. Jahrhundert n. Chr. war das kirchliche Leben in Europa geprägt durch eine enge Verbindung mit dem Staat. Dadurch hat sich das Christentum ausbreiten können und die europäische Kultur umfassend beeinflusst. Gleichzeitig nahm der Staat nachhaltig Einfluss auf die Kirche. Selbst drei Generationen nach der Trennung von Kirche und Staat folgen Mentalitäten, Haltungen und Organisationsstrukturen des kirchlichen Lebens in Deutschland deshalb nach wie vor überwiegend einer staatsanalogen Logik.

Zugleich hat es von Anfang an mit dem Mönchtum eine Gegenbewegung des Protestes, des Rückzugs, der inneren Sammlung und der Askese gegeben. Seine Kennzeichen sind ein intensives geistliches Leben mit Tagzeitengebeten und individuellen Gebetszeiten, der Verzicht auf Selbstverwirklichung, Besitz und Familie sowie eine Existenz im Rahmen eines verbindlichen gemeinsamen Zusammenlebens oder als Eremit.

Beide Grundformen des Christentums haben teils unverbunden nebeneinander existiert, teils miteinander konkurriert, teils miteinander kooperiert und sich dabei im Laufe der Zeit gegenseitig beeinflusst. Ohne die Unterstützung der Bürger in den mittelalterlichen Städten hätten die Bettelorden nicht existieren können. Umgekehrt lässt sich die Reformation nicht verstehen, ohne den Orden der Augustiner-Eremiten und ihren Einfluss auf Martin Luther zu berücksichtigen.

Mit der Entwertung der Klostergelübde durch die reformatorische Theologie verlor das Mönchtum in evangelischen Gebieten stark an Bedeutung. Die Klöster wurden in Damenstifte, Schulen und Universitäten umgewandelt oder dem Verfall preisgegeben. Zugleich hat es in den Jahrhunderten danach zahlreiche spirituelle Impulse im Austausch über die konfessionellen Grenzen hinweg gegeben, etwa zwischen dem Jesuitenorden und Theologen wie Tersteegen, Zinzendorf oder Spener.

Die geistlichen Gemeinschaften und Kommunitäten im Raum des Protestantismus verdanken sich der Gründung der Diakonissenhäuser im 19. Jahrhundert und Gründungsimpulsen in Reaktion auf den Zusammenbruch der Gesellschaft nach dem Ersten und dem Zweiten Weltkrieg sowie auf den Modernisierungsschub Ende der 1960er Jahre. Dabei haben sich zwei Formen herausgebildet: Familiengemeinschaften, die teils an einem Ort, teils in kleinen Gruppen, teils verstreut über die gesamte Bundesrepublik wohnen, und Kommunitäten nach dem Vorbild katholischer Ordensgemeinschaften. Einige haben neu gebaut. Andere sind in alte Klöster eingezogen und haben damit eine jahrhundertelang unterbrochene Tradition neu belebt.

Zunächst herrschte im Bereich der verfassten Kirche Unverständnis über die Neugründungen und der Verdacht, hier würden Sekten entstehen. Christliche Gemeinschaftsformen jenseits der bürgerlichen Existenz wurden als »unevangelisch« empfunden. Es bedurfte einiges an Überzeugungsarbeit, um diese Vorurteile zu überwinden. Inzwischen sind aus Unverständnis Respekt und Wertschätzung geworden. Gemeinde- und Kirchenleitungen haben erkannt, dass Kommunitäten und geistliche Gemeinschaften das kirchliche Leben bereichern, etwa durch ihre Einkehr- und Gästearbeit, ihre Publikationstätigkeit oder ihre Präsenz auf Kirchentagen.

Als Beauftragter des Rates der EKD für den Kontakt zu Kommunitäten und geistlichen Gemeinschaften habe ich seit sieben Jahren das Privileg, diese besondere Form des kirchlichen Lebens im Rahmen des jährlichen »Treffens geistlicher Gemeinschaften (TGG)«, der »Konferenz evangelischer Kommunitäten (KevK)« und von Besuchen vor Ort kennenzulernen. Derzeit gehören der Internetseite »evangelische-kommunitaeten.de« zufolge 25 Gemeinschaften zur KevK und vierzig zum TGG. Hinzu kommen zahlreiche, durch die Statistik nicht erfasste kleine Gemeinschaften, z.B. geistliche Wohngemeinschaften von Studierenden oder Berufstätigen.

Ich werde immer wieder gefragt, was die verfasste Kirche von ihnen lernen kann. Ich persönlich profitiere von den Möglichkeiten, die sie zum Rückzug in Stille, Meditation und Kontemplation bieten. Darüber hinaus würde ich mir wünschen, dass Kirchengemeinden und allgemeinkirchliche Arbeitsfelder von ihrer Gemeinschafts- und Beziehungsfähigkeit lernen, vor allem von der damit verbundenen Bereitschaft, Konflikte zu führen und Leiden zu ertragen.

Ich freue mich deshalb sehr, dass sich Christoph Joest als langjähriges Mitglied und ehemaliger Prior des Brüderzweigs der Jesus-Bruderschaft Gnadenthal entschlossen hat, an verschiedenen Stellen erschienene Aufsätze aus den vergangenen 29 Jahren in einem Sammelband zu veröffentlichen. Damit schafft er die Möglichkeit, Einblicke zu gewinnen in die Geschichte der Kommunitäten und geistlichen Gemeinschaften. Man kann sich informieren über ihre Gründungscharismen, die erste Zeit der Begeisterung und des Aufbruchs, die damit verbundenen Erfolge, Schwierigkeiten und Misserfolge und die Herausforderungen, vor denen ihre Nachfolger in der zweiten und dritten Generation standen. Man erfährt etwas über ihr theologisches Profil, ihre Anliegen und ihr Leben. Mögen sich daraus Anregungen auch für die anstehende inhaltliche Neuorientierung der kirchlichen Arbeit in Auseinandersetzung mit der zunehmenden Säkularisierung, Individualisierung und Pluralisierung der Gesellschaft ergeben.

Wolfenbüttel, Ende Dezember 2023
Landesbischof Dr. Christoph Meyns

INHALT

I Grundsätzliches

17 Der Protestantismus und die evangelischen Kommunitäten

40 Dem Geist Raum geben
    Die Spiritualität evangelischer Kommunitäten

49 Eine Theologie der geistlichen Gemeinschaften in der evangelischen Kirche?
    Werkstattgespräch (2.–4. April Selbitz, 2019)

56 »Dem Gottesdienst nichts vorziehen«

II Geschichtliches

66 Die Entstehung von Kommunitäten in den Kirchen der Reformation

106 Gemeinsames Leben – verbeult und gesegnet
    Wie Kommunitäten im Scheitern wachsen (können)

III Spiritualität und Tradition

114 Gibt es ein »Gründercharisma«?

140 Monastische Wurzeln der Spiritualität in den evangelischen Kommunitäten

IV Gemeinschaft

169 Zuneigung

174 Der dreieine Gott und die Gemeinschaft der Menschen

188 Versöhnte Vielfalt – die ökumenische Berufung der Jesus-Bruderschaft Gnadenthal

V Jesus-Bruderschaft

196 Die »Jesus-Bruderschaft«
Deutung und Bedeutung ihres Namens

200 Frei für Gott
Jesus-Bruderschaft Gnadenthal

208 Die Familienkommunität der Jesus-Bruderschaft
Zusammen mit mehreren Mitgliedern der Familiengemeinschaft geschrieben

215 Einheit, Vielfalt – und Konflikt
Das Vorbild des Dreieinigen Gottes

224 Abkürzungsverzeichnis

225 Verzeichnis der Erstveröffentlichungen

I Grundsätzliches

Der Protestantismus und die evangelischen Kommunitäten

»Außenseiter in den Kirchen«

Unter dem Titel »Außenseiter in den Kirchen« veröffentlichte Peter Meinhold 1977 einen »Bericht über Organisation und Zielsetzung« der »modernen Erneuerungsbewegungen«.[1] Dort werden »die verschiedenen Jesus- und Christus-Bruder- und Schwesternschaften« in einem Atemzug mit der »Jesus-People-Bewegung«, den Basis-Gemeinden Europas und Südamerikas sowie den charismatischen Erneuerungsbewegungen genannt und zu den »Randfiguren«, den »Außenseitern« und »Randsiedlern unserer Kirchen« gerechnet.[2] Wie konnte es zu dieser Einschätzung kommen, da doch viele Kommunitäten zu der Zeit bereits runde zwanzig bis dreißig Jahre existierten?[3]

---

1 P. Meinhold, Außenseiter in der Kirchen. Was wollen die modernen Erneuerungsbewegungen? Ein Bericht über Organisation und Zielsetzungen, Freiburg-Basel-Wien 1977.
2 A. a. O., 14 u. 44.
3 Ausführlicher zu Geschichte und Theologie der Kommunitäten: J. Halkenhäuser, Kirche und Kommunität. Ein Beitrag zur Geschichte und zum Auftrag der kommunitären Bewegung in den Kirchen der Reformation (KKTS 42), Paderborn ²1985; G. Wenzelmann, Nachfolge und Gemeinschaft. Eine theologische Grundlegung des kommunitären Lebens (CThM. C 21),

Ursache dafür ist nicht allein das in den späten sechziger und vor allem in den siebziger Jahren erwachte Interesse an alternativen Lebensformen, das sich in einer Fülle von Veröffentlichungen dokumentierte und die Kommunitäten stets in eine Reihe mit höchst verschiedenartigen Aufbrüchen auf der Suche nach einem »anderen Leben« stellte.[4] Dass im letzten Viertel des 20. Jahrhunderts evangelische Kommunitäten immer noch als »Außenseiter« charakterisiert werden konnten, hat vielmehr Gründe, die tief im protestantischen Kirchen- und Selbstverständnis verwurzelt sind.

Symptomatisch dafür ist der Vorwurf, den evangelische Christen gegenüber den Kommunitäten erhoben: »Was ihr macht, ist katholisch!« So heißt es von der *Christusbruderschaft Selbitz*:

»Die Bruderschaft wollte von vornherein als ein evangelischer Orden gelten. Aber gerade diese Einstellung verursachte viele Schwierigkeiten in der Gemeinde. Man verdächtigte sie und man glaubte, da sie zum Katholizismus abfallen würden«,[5] und E. Decker von der *Communität*

Stuttgart 1994; Ch. Joest, Spiritualität evangelischer Kommunitäten. Altkirchlich-monastische Tradition in evangelischen Kommunitäten von heute, Göttingen 1995.

4 Vgl. S. Großmann (Hg.), Christsein '70. Junge Bewegungen berichten, Schloß Craheim, ²1970; ders., Christsein, 73. Junge Bewegungen berichten, Kassel 1972; R. Haak, Junge Christen '74. Ein Jahrbuch, Hamburg u. Marburg/L. 1974; R. Reck, Gottes neue Avantgarde? Wuppertal o. J.; P. Meinhold, Außenseiter in den Kirchen (s. Anm. 1); H. A. Gornik, Anders leben. Christliche Gruppen in Selbstdarstellungen, Gütersloh 1979; I. Reimer (Hg.), Alternativ leben in verbindlicher Gemeinschaft. Evangelische Kommunitäten, Lebensgemeinschaften, Junge Bewegungen, Stuttgart 1979 (1983).

5 P. Meinhold (s. Anm. 1), 50.

Casteller Ring erinnert sich dankbar an Prof. Eduard Ellwein, der ›uns darin bestärkt (hat), da wir gut evangelisch sind in dem, was uns so oft als ›katholische Tendenzen‹ angekreidet wurde‹.«⁶

Die Hartnäckigkeit, mit der sich dieser Vorwurf halten konnte, ist umso bemerkenswerter, als Karl Heussi schon 1936 die Unhaltbarkeit der Meinung festgestellt hatte, dass »auf ein unasketisches Urchristentum ein unevangelisches, in diesem Sinne ›katholisches‹ Mönchtum gefolgt« sei.⁷ Es hängt damit aber die bemerkenswerte Tatsache zusammen, dass das Phänomen »Evangelische Kommunitäten« von katholischen Autoren wesentlich früher entdeckt und gewürdigt wurde als von offizieller protestantischer Seite aus.

Schon 1948 veröffentlichte Albert Görres eine Besprechung der »Regel des geistlichen Lebens«, die der evangelische Bischof von Oldenburg, Wilhelm Stählin, 1947 für die Evangelische Michaelsbruderschaft herausgegeben hatte. Görres zeigte sich trotz einiger kritischer Gedanken zunächst grundsätzlich »überrascht und erfreut« darüber, »fast alle wesentlichen Übungen des inneren Lebens, die [...] aus der Tradition der Kirche bekannt sind«, darin zu finden, wie z. B. feste Zeiten der Sammlung, Schriftbetrachtung, Stundengebet oder persönliche Seelenführung.⁸ 1949 schrieb Heinrich Bacht, »dass sich

---

6   E. Decker CCR, Unser Platz innerhalb der Kirche, in: J. Halkenhäuser (Hg.), Abenteuer mit Gott. 40 Jahre Communität Casteller Ring (Schwanberger Reihe 15), Schloss Schwanberg 1989, 56–61, hier: 56.

7   K. Heussi, Der Ursprung des Mönchtums, Tübingen 1936, 1.

8   A. Görres, Eine geistliche Lebensregel für Christen in der Welt, GuL 21 (1948), 237–238, hier: 237.

der Protestantismus seit langem (!), sowohl theoretisch wie auch praktisch, in einer rückläufigen Bewegung zur Tradition befindet« (gemeint ist die protestantische askese-feindliche Tradition).[9] Ein Jahr später berichtete er, dass »sich innerhalb des protestantischen Christentums seit längerem eine positivere Bewertung des Mönchtums anbahnt«.[10] Schließlich zeichnete Friedrich Wulf 1954 »die Stellung des Protestantismus zu Aszese und Mönchtum in Geschichte und Gegenwart« nach und stellte fest: »Es mehren sich sogar die evangelischen Stimmen, die nach einer Wiederherstellung des Mönchtums rufen, ja man weiß von der einen oder anderen schon tatsächlich erfolgten Klostergründung.«[11] – Man bedenke im Vergleich zu diesen Jahreszahlen, dass die erste größere öffentliche Darstellung der evangelischen Kommunitäten und Bruderschaften erst 1959 erschien, und zwar als von Lydia Präger herausgegebene Sammlung verschiedener Selbstdarstellungen der einzelnen Gruppierungen.[12] Eine öffentliche Äußerung seitens der evangelischen Kirchen

---

9 H. Bacht, Pakhôme – der Große »Adler«, GuL 22 (1949), 367–382, hier: 377 (Hervorhebung von mir).

10 H. Bacht, Heimweh nach der Urkirche. Zur Wesensdeutung des frühen Mönchtums, zuerst veröffentlicht in: LuM 7 (1950), 64–78, wieder abgedruckt in: Ders., Weltnähe oder Weltdistanz? Frankfurt 1962, 114–140, hier: 115.

11 F. Wulf, Die Stellung des Protestantismus zu Aszese und Mönchtum in Geschichte und Gegenwart, GuL 27 (1954), 21–34, hier: 21; Wulf nennt ebd. Anm. 2 als Beispiele solcher »Klostergründungen« die Gemeinschaft von Taizé und die Marienschwestern in Darmstadt. Es sei hinzugefügt, dass die Letzteren sich nicht als »Klostergründung« verstehen, was aber der positiven Würdigung des Phänomens durch Wulf nichts nimmt.

12 L. Präger (Hg.), Frei für Gott und die Menschen. Evangelische Bruder- und Schwesternschaften der Gegenwart in Selbstdarstellungen, Stuttgart 1959 (²1965).

erfolgte sogar erst 1976 in der »Stellungnahme der Bischofskonferenz« der VELKD.[13] Allein Walter Nigg, dieser in der protestantischen wissenschaftlichen Theologie einsame Vordenker in Sachen Spiritualität, Mönchtum und Mystik, erwähnte schon 1953 Taizé und die von dort inspirierten Frauengemeinschaften als Anzeichen gottgeschenkter neuer Ordensbildung.[14]

Vor-Urteile des Protestantismus

Diese Zurückhaltung ist nun allerdings nicht nur in der Furcht begründet, kommunitäres Leben sei ein »Rückfall in den Katholizismus«. Hinter dieser oberflächlich erscheinenden Abwehr steht die Tatsache, dass »sich der Protestantismus im Integrieren charismatischer Berufungen, von einzelnen wie von Gruppen, theologisch und kirchenamtlich immer schwer tat«[15], was zutiefst in seinem Gemeinde- und Selbstverständnis begründet liegt:

> »Der Gemeindebegriff in der negativen Ausschließlichkeit, dass nur die Ortsgemeinde oder die ihr entsprechende Anstaltsgemeinde Gemeinde sei, ist (durch die Kommunitäten) durchbrochen. [...] Jener eigentümliche Gemeindebegriff hat [...] jede lebendige Besonderung vernichtet. In

---

13 Abgedruckt in: L. Mohaupt (Hg.), Modelle gelebten Glaubens. Gespräche der Lutherischen Bischofskonferenz über Kommunitäten und charismatische Bewegungen (Zur Sache 10), Hamburg 1976, 142–144.
14 W. Nigg, Vom Geheimnis der Mönche, Zürich 1953, 26.
15 H. Eisenberg, Kommunitäten – eine wiederentdeckte Berufung, in: Th. Schober/H. Thimme (Hg.), Gemeinde in diakonischer und missionarischer Verantwortung. Auftrag – Anspruch – Wirklichkeit, Stuttgart 1979, 227–231, hier: 229.

keiner Richtung ist der Protestantismus so empfindlich, ja unduldsam wie in dieser.«[16]

Ähnlich sagt Bruder Hans Eisenberg von der Kommunität Imshausen aus schmerzlicher Erfahrung heraus: »Die Vorstellung, jede Abweichung von der überlieferten Einheitsnorm müsse in einer Glaubensdifferenz ihre Ursache haben, ist tief eingewurzelt; die Alternative zur Parochie heißt ›Sekte‹.«[17] »Der Anspruch auf einen kommunitätseigenen Gottesdienst oder gar einen kommunitätseigenen Friedhof kann als frontaler Angriff auf den kirchlichen Status empfunden werden.«[18]

Fragen wir noch tiefer nach dem Selbstverständnis des Protestantismus, das hinter solchen Reaktionen steht! Geradezu klassisch formuliert Hermann Mulert: »Will man ein Prinzip des Protestantismus nennen, dann muss es zunächst dies sein, dass der Einzelne mit seinem Gewissen unmittelbar vor Gott gestellt ist«, und er fährt fort: »Dies ist das Grundsätzliche; daneben oder davor steht das Geschichtliche, dass der Protestantismus Christentum ist, Glaube an Gottes Offenbarung in Jesus Christus,

---

16 H. Dombois, Über den geschichtlichen Sinn evangelischer Orden, EvJ 15 (1950/51) 133–146, hier: 139; vgl. auch H.-D. Wendland, Bruderschaften in Kirche und Welt, in: L. Präger (s. Anm. 12), 14: »Wer die Begriffe Kirche und Gemeinde von vornherein auf eine einzige Form kirchlicher Gemeinschaftsbildung ... festlegt, der wird freilich nicht verstehen können, was Bruderschaften, Orden und Kommunitäten sind und bedeuten«; H. Begusch nennt das »die ‚Parochialhäresie' vieler Protestanten«! In: Ders., Luther über das Ordenswesen, Quat 21 (1956/57) 226–228, hier: 227.
17 H. Eisenberg (s. Anm. 15) 229.
18 A. a. O., 228.

die in der Bibel bezeugt ist.«[19] Es ist höchst bemerkenswert, ja symptomatisch, dass hier ein »Grundsätzliches« dem Glauben an die durch die Bibel bezeugte Gottesoffenbarung in Jesus Christus gegenübergestellt wird. Diesen Glauben nennt Mulert das »Geschichtliche«, das anscheinend einen anderen Stellenwert hat. Grundsätzlichkeit kommt jedenfalls nur der Unmittelbarkeit des Einzelnen in seinem Gewissen vor Gott zu.

Dieses Konzept kann natürlich nicht ohne Konsequenzen bleiben: »Mit der *Selbständigkeit* ist die *Geistigkeit* protestantischen Christentums gegeben, und jene mit dieser. Wo das eigene Gewissen und das eigene Nachdenken (!) entscheiden, kann Dingliches keine entscheidende religiöse Bedeutung gewinnen.«[20] Das heißt dann weiter: »Soweit es evangelische Christen gibt, für deren Frömmigkeit die Autorität der kirchlichen Überlieferung, das geistliche Amt und die Sakramente eine entscheidende Bedeutung haben, *ist also diese Frömmigkeit ihrem Wesen nach nicht protestantisch.*«[21]

Dass diese Bemerkung durchaus als ein bewusster Schlag gegen das Luthertum gemeint ist, zeigt sich im Abschnitt Mulerts über den Kult, d. h. den Gottesdienst: »Gott ist dem Protestanten im Geiste, im Worte gegenwärtiger als im Brot. Oder soweit das bei der Frömmigkeit mancher Lutheraner anders ist, hat diese insofern nichts Protestantisches.«[22]

In der ersten Auflage seiner Konfessionskunde fuhr Mulert fort:

---

19 H. Mulert, Konfessionskunde. Die christlichen Kirchen und Sekten heute, Berlin ²1937, 352.
20 Ebd. (Hervorhebungen und Ausrufezeichen von mir).
21 Ebd. (Hervorhebung von mir).
22 A. a. O., 367.

»Da Gott mit der Gemeinde nicht anders durchs Wort handelt als mit dem Einzelnen, hat für solche Einzelne, die reif genug sind, ihre Erbauung selbst zu gewinnen, der Gemeindekult keine spezifisch religiöse Würde. Die Pflicht, ihn zu besuchen, [...] ist wesentlich nur ethisch zu begründen: die Gemeinschaft mit den Brüdern [...] soll man fördern.«[23]

In der zweiten Auflage heißt es allerdings einschränkend: »Aber wer ist so reif?«, woraus Mulert dann zu der umgekehrten Folgerung kommt, dass ,»die Pflicht zur Kirchlichkeit *keineswegs* nur ethisch zu begründen« ist, sondern vielmehr durch »ein neues Erleben der Gemeinschaft und ihres Wertes, gerade auch der Gemeinschaft am Heiligen«.[24] Scheint auch der letzte Halbsatz ein Zugeständnis zu sein, so blieb dennoch die oben zitierte Aburteilung des Luthertums in der zweiten Auflage stehen, und es ist zu befürchten, dass die radikaleren Gedanken der ersten in Wahrheit doch die wirksameren im Protestantismus waren.

Man wird die Bindung des Einzelnen in seinem Gewissen unmittelbar an Gott nicht völlig in Misskredit bringen können, im Gegenteil: Es ist die wesentliche Wahrheit, die den Monopolanspruch der evangelischen Gemeindefrömmigkeit aufsprengen könnte, weil sie begründet, dass es verschiedene Formen der einen Nachfolge geben kann. Wenn freilich diese Gedanken in der oben dargestellten Form das Selbstbewusstsein des Protestantismus zutreffend ausdrücken, wenn also allein

---

23 H. Mulert, Konfessionskunde, 1. Aufl. von 1926, 411f., zitiert bei W. Lehmann, Hans Assmussen. Ein Leben für die Kirche, Göttingen 1988, 103.
24 H. Mulert (s. Anm. 19), 367; Hervorhebung von mir.

die Gottunmittelbarkeit des Einzelnen im Unterschied zur gemeinschaftlichen Erfahrung von Kirche »entscheidende Bedeutung« hat, dann ist verständlich, dass man im Raum der evangelischen Kirchen zunächst mit Gruppen nichts anzufangen wusste, für die Wort und Brot nicht in einem solchen Gegensatz standen, die Gottesdienst und Tagzeitgebete, Eucharistie und Schriftbetrachtung als Quellen eines gemeinsamen Lebens entdeckt hatten und deshalb nach verbindlichen Formen der Frömmigkeit suchten und die sich schließlich gerade um ihres Gewissens willen in konkreten, gelübdeähnlichen Verpflichtungen für dieses Leben festlegten.[25] Diese Gruppen irritierten nicht nur, sie schienen das »Grundsätzliche« des Protestantismus zu verfehlen.

Hier verschränken sich zwei Fragen: die nach dem Gegensatz von »Grundsätzlichem« im Geist und Zweitrangigem in der geschichtlichen Konkretion, ein Gegensatz, der von Mulert sogar auf die Gestalt der Offenbarung angewendet wird, und die Frage nach der Legitimität unterschiedlicher Formen der gelebten Nachfolge, die paradoxerweise so heftig verneint wird, obwohl in dem Gegensatz der ersten Frage die Möglichkeit positiver Beantwortung der zweiten enthalten ist.

Im Folgenden nähern wir uns diesem Problem auf einem scheinbaren Umweg, nämlich über die Frage nach Einheit und Vielfalt christlicher Spiritualität.

---

25 S. dazu Ch. Joest, Art. »Gelübde«, ELThG 2 (1993), 697–698; auch: ders. Art. »Räte, evangelische«, ELThG 3 (1994), 1651; ausführlicher ders., Spiritualität evangelischer Kommunitäten (s. Anm. 3), 157–185; J. Halkenhäuser, Kirche und Kommunität (s. Anm. 3), 258–330; G. Wenzelmann, Nachfolge und Gemeinschaft (s. Anm. 3), 144–243.

Einheit und Vielfalt christlicher Spiritualität

Obwohl der Begriff »Spiritualität« ein Modewort geworden ist und in einem vielseitigen Bedeutungsspektrum schillert, ist er günstiger als etwa das Wort »Frömmigkeit«, das für unser heutiges Empfinden zu subjektiv eingefärbt ist, weil er schon von sich aus auf den *Spiritus Creator*, den Heiligen Geist Gottes hindeutet.

Christliche Spiritualität ist jedenfalls christliche Existenz, Lebensgestaltung unter der Führung des Geistes Gottes. Da dieser aber der Geist Christi ist, bleibt christliche Spiritualität immer auf Christus als den Herrn bezogen. »Daraus folgt das für die Christen Entscheidende, dass fortan die menschlichen (und erst recht die christlichen) Spiritualitäten nicht mehr abgelöst werden können von dem Letztsinn, den sie in der Offenbarungsgestalt Christi erhalten haben: ... ihr konkreter, einziger Oberbegriff ist Jesus Christus, also eine Person, der Herr selbst.«[26]

Dann erhebt sich aber erst recht die dem Protestantismus eigentümliche Frage, ob man von verschiedenen christlichen Spiritualitäten überhaupt sprechen kann, da Jesus Christus nur Einer ist. »Es gibt tatsächlich nur eine einzige christliche Spiritualität, und das ist die Lehre Christi, sein Leben und Wirken im Geist der Kirche, das ist Er selbst, wie er sich umgestalten möchte in den ihm begegnenden Menschen [...].«[27] Von daher lassen

---

26 H. U. v. Balthasar, Das Evangelium als Norm und Kritik aller Spiritualität in der Kirche, in: Ders., Spiritus Creator. Skizzen zur Theologie III, Einsiedeln 1967, 247–263, hier: 256.

27 J. Sudbrack, Vom Geheimnis christlicher Spiritualität: Einheit und Vielfalt, GuL 39 (1966) 24–44, hier: 40. K. S. Frank spricht von »der Grundgestalt aller christlichen Spiritualität, die nie-

sich vorläufig zwei Elemente benennen, die mit christlicher Spiritualität unabdingbar gegeben sind und allen Gliedern der Kirche unabhängig von ihrer konkreten Lebenssituation gelten: Das ist der Ruf Jesu Christi in seine Nachfolge und somit die lebendige Beziehung zu seiner Person, und das ist die Heilige Schrift als Quelle und Norm dieser durch den Geist Gottes je neu lebendig vermittelten Christusbeziehung der Gläubigen.

Damit ist aber zugleich gesagt, dass christliche Spiritualität immer nur in der je persönlichen Aneignung durch die Gläubigen, im konkret gestalteten Glaubensleben der einzelnen Glieder der Kirche existiert. Nicht nur, dass »jede Generation ... diese Spiritualität als Kinder ihrer Zeit« lebt, wobei »das Evangelium getrost Quelle und Norm des geistlichen Lebens« bleibt, das »von jeweils sich wandelndem Standpunkt aus gelesen und gedeutet« wird,[28] sondern auch in jedem einzelnen Menschen gewinnt das Leben in und mit Christus eine je persönliche Einfärbung. Spiritualität existiert daher »nicht in Vorschriften, Mahnungen, Anweisungen und Systemen, sondern in Personen, im gelebten Christentum«; sie »residiert nicht in irgendwelchen Theologien, sondern im lebendigen Dasein des Christen, ja sie ist der Christ selbst [...]. Spiritualität ist dasjenige, was jeder wahre Christ als sein eigenstes Ich besitzt, nämlich das Angerufensein von Gott [...].« Daher gibt es mit der einen einzigen christlichen Spiritualität »zugleich [...] so viele ›Spiritualitäten‹, wie es lebendige Christen gibt«.[29]

---

mand anders ist als Jesus Christus«, in: Forderung und Verwirklichung christlicher Spiritualität, OK 11 (1970) 289–306, hier: 292.
28 K. S. Frank, Forderung und Verwirklichung (s. Anm. 27), 305.
29 J. Sudbrack, Vom Geheimnis christlicher Spiritualität (s. Anm. 27), 38 u. 41.

Sudbrack beschreibt das im Bild einer Pyramide: Setze ich den Querschnitt »oben« an, »von wo die christliche Botschaft den Menschen aufruft«, dann erhalte ich einen Punkt, d. h. die *eine* christliche Spiritualität; »wenn man aber [...] die unterste Ebene der konkreten Verwirklichung nimmt, dann gibt es ebenso viele Spiritualitäten, wie es wache Christen gibt«; Spiritualität kann daher nur »als personal gelebtes Dasein greifbar werden«.[30]

Dennoch bedeutet diese farbige Vielfalt je persönlicher Nachfolge-Verwirklichung nicht, dass christliches Leben zersplittern muss in einen Pluralismus unverbunden nebeneinander bestehender Spiritualitäten. Was die einzelnen Christen verbindet, ist der eine Herr, die eine Heilige Schrift, aber auch »ein Leib und ein Geist, ein Glaube, eine Taufe« (Epheser 4,4f.), wie sie erfahrbar werden im Gottesdienst der versammelten Gemeinde, im gemeinsamen Hören des verkündigten Wortes und im gemeinsamen Empfang des in der Eucharistie sich schenkenden Herrn. Damit ist die Frage nach der *Kirche* gestellt.

Letztlich ist die »Dialektik« zwischen der einen Spiritualität und den vielen Spiritualitäten, ihre spannungsvolle Einheit und wechselseitige Bedingtheit, implizit im dreifaltig-einen Leben Gottes enthalten, dessen Geist unsere Spiritualität begründet. Um des Raumes willen kann hier nur sehr abgekürzt darauf eingegangen werden.

Ausgehend von der biblischen, geschichtlich-konkreten Offenbarung kann die Einheit der Gottheit nicht anders als in der Dreiheit der Personen von Vater, Sohn und Heiligem Geist bekannt werden. Die Frage ist, wie sich hier Einheit und Dreiheit zueinander verhalten. H. U. v. Balthasar hat sich nachdrücklich dafür ausgesprochen,

---

30 J. Sudbrack, Art. »Spiritualität«, SM 4 (1969) 674–691, hier: 681.

dass das eine göttliche Wesen nicht als ein Viertes »hinter« den göttlichen Personen gesucht werden kann, dass es vielmehr »nie anders als je vaterhaft, sohnhaft und geisthaft« existierte. »Die Dreieinigkeit Gottes ist kein Zweitletztes, wohinter sich ein aller Kreatur unzugängliches, abgründiges ›Wesen‹ verbirgt.«[31] Die eine Gottheit existiert nicht *abgesehen von*, sondern in personaler Konkretion nur *je in* Vater, Sohn und Heiligem Geist. Als Resümee stellt v. Balthasar fest: »Wir begegnen damit […] dem Axiom von der Positivität des Andern.«[32] Damit soll gesagt sein, dass Vielfalt und Andersartigkeit keine Seinsminderung, erst recht keinen Fluch bedeuten, der im Streben nach einer »darüber-« und »dahinter«-liegenden Einheit überwunden werden müsste, sondern dass sie positiv von Gott gemeint und gesetzt sind, da er in sich selbst, »weil er wesentlich Liebe ist(,) […] den Einen, den Andern und ihre Einheit voraussetzt«.[33]

---

31 H. U. v. Balthasar; Theologik II. Wahrheit Gottes, Einsiedeln 1985, 127 u. 137f.

32 A. a. O., 138 (Hervorhebung von mir). V. Balthasar entwickelt diese Auffassung in Auseinandersetzung mit Augustinus, Thomas v. Aquin und Bonaventura. Man kann die Linie aber m. E. zurückverfolgen bis in die Theologie der großen Kappadokier hinein, vgl. Basileios d. Gr., Ep 38,2–3; 210,4; 214,4; 236,6. Der Gefahr des Tritheismus begegnen die Kappadokier, indem sie a) betonen, eine Hypostase sei in der anderen ganz repräsentiert (die später sog. Perichorese), vgl. Basileios Ep 38,8; De Spiritu Sancto XVIII 45; und indem sie b) die Unterschiede zwischen den Hypostasen nicht durch etwas in sich Abgeschlossenes definieren, sondern durch ihre bleibende Bezogenheit aufeinander (die Relationen), vgl. Basileios Ep 236,6; Gregor v. Nazianz Or 25,16; 29,2.

33 H. U. v. Balthasar, Versuch eines Durchblicks durch mein Denken, IKZ 18 (1989), 289–293, hier: 292f. (= Rückblick 1988, in: Ders., Mein Werk. Durchblicke, Einsiedeln 1990, 89–96).

Dementsprechend ist die Vielfalt an christlichen Spiritualitäten Abbild des göttlichen Wesens, aber geeint durch den einen Heiligen Geist, der in allen wirkt und sich jedem Einzelnen ganz schenkt unbeschadet der Besonderheit der Gabe, die er jedem so mitteilt, wie er will (1. Korinther 12,11). Umgekehrt heißt das aber, dass sein Wirken in den einzelnen nur in personaler Konkretion erkennbar wird. »Im gelebten Christentum allein ist das, was Spiritualität heißt, voll greifbar.«[34]

In dem bisher Gesagten liegt Folgendes begründet: Es gibt so etwas wie Spiritualitäten evangelischer Kommunitäten, und es darf sie neben der Gemeindefrömmigkeit als legitime Ausprägungen evangelischer Nachfolge geben. Sie können freilich nichts anderes sein als eine je spezifische Ausformung der einen christlichen Spiritualität, je eine Weise der allen aufgetragenen Nachfolge Christi, die darum von vornherein eine Bewertung anderer Weisen der Nachfolge ausschließt. Ebenso wie der eine Ruf Gottes sich in dem, der ihn hört und befolgt, personal je verschieden umsetzt und »einfärbt«, gibt es auch eine *gemeinschaftliche* Umsetzung und Einfärbung durch die *körperschaftliche* Person der jeweiligen Kommunität. Damit hängt zusammen, dass wir nicht nur *die* Spiritualität evangelischer Kommunitäten vor uns haben, sondern eine Vielzahl, genauer: so viele, wie es Kommunitäten gibt, wobei jedes Mitglied die gemein-

---

Ausführlich zum »Axiom von der Positivität des Andern« und seiner Auswirkung in der Theologie v. Balthasars s.: Ch. Joest, Eine »Theologie der Welt« bei Hans Urs von Balthasar, ThBeitr 26 (1995) 266–280.

34 J. Sudbrack, Vom Geheimnis christlicher Spiritualität (s. Anm. 27), 43. Ähnlich J. Moltmann, Kirche in der Kraft des Geistes. Ein Beitrag zur messianischen Ekklesiologie, Aachen 1975, 302f.

same Spiritualität wieder in persönlicher Einfärbung leben dürfte.

»Das Ganze im Fragment«

Einen Ausdruck Hans Urs von Balthasars[35] aufgreifend, formuliert Anneliese Herzig unter der Überschrift: »Im Fragment das Ganze leben« für katholische Orden, was genauso auch für evangelische Kommunitäten im Vergleich zur Gemeindefrömmigkeit Gültigkeit hat:

»Eine theologische Ortsbestimmung des Ordenslebens [...] kann beim Verständnis der vita religiosa als einer konkreten Form der Nachfolge Jesu Christi ansetzen. [...] Die zentrale These lautet dann: Die Orden stehen – zusammen mit allen Christen [...] – in der Nachfolge Jesu Christi, des universale concretum. Das bedeutet, dass sie auf konkrete (und damit beschränkte) Weise Jesus Christus nachfolgen, gerade darin aber die eine und ganze, allen Christen aufgetragene Nachfolge verwirklichen. Im Fragment ihres Lebens, zu dem sie berufen sind, leben die Orden auf konkret-eingeschränkte Weise das Ganze des christlichen Lebens. Die Konkretheit verleiht dem Ordensleben eine Gestalt, die als Einheit wahrgenommen werden und dann auf ihre typischen Merkmale hin analysiert werden kann.«[36]

---

35 H. U. v. Balthasar, Das Ganze im Fragment. Aspekte der Geschichtstheologie, Einsiedeln ²1990, s. bes. 83f.
36 A. Herzig, »Ordens-Christen«. Theologie des Ordenslebens in der Zeit nach dem Zweiten Vatikanischen Konzil (StSSTh 3), Würzburg 1991, 386 (Hervorhebungen im Original).

Der soeben gestreifte Begriff des »*universale concretum*« fasst die beiden Fragen, die uns hier bewegen, in sich zusammen und bringt ihre Lösung auf einen Punkt. Er geht auf Nikolaus von Kues († 1464) zurück und wurde von ihm auch »*universale contractum*« genannt. Dahinter steht die Erkenntnis, dass der ewige Gott, die universale, alles in sich einbeziehende Fülle des Seins, in der Welt immer nur kontrakt gegenwärtig ist, d. h. in geschichtlich-partikularer Konkretion. Die explizite Vielfalt, ja Gegensätzlichkeit der konkreten Dinge ist in Gott komplizit, d. h. »zusammengefaltet« als allumfassende Einheit enthalten. Diese Komplikation als absolute Einheit des Universums ist aber streng transzendent; immanent erfahrbar ist sie nur als Explikation der Einzeldinge, die aber in ihrem Bezug auf das Ganze Gott ganz in sich repräsentieren. Demgemäß geschieht auch die Offenbarung Gottes in konkreten geschichtlichen Ereignissen, deren Konkretheit nicht im Gegensatz zu ihrer universalen Bedeutung steht, sondern die Weise ist, in der sich diese realisiert und ausdrückt. In der Person Christi selbst tritt das am deutlichsten hervor[37]. Die Formel »Das Ganze im Fragment« drückt diese Zusammenhänge in der Tat adäquat aus.

Gegenüber der Abwertung des Geschichtlichen bei H. Mulert muss also auf der geschichtlich-konkreten Gestalt der Gottesoffenbarung bestanden werden. Ist auf diese Weise Gott immer nur als Vater, als Sohn und als Heiliger Geist erfahrbar, so entspricht dem auf Seiten des Menschen die geschichtlich-konkrete Gestalt der einen Nachfolge Christi in unterschiedlichen Ausformungen.

---

37 Nikolaus v. Kues, Visio Dei; vgl. W. Löser, »universale concretum« als Grundgesetz der oeconomia revelationis, HFTh 2 (1985), 108–121.

Längst hat man denn auch im Protestantismus erkannt, dass im biblisch-evangelischen Sinne »Wort« und »Geist« auf Verleiblichung drängen. »Das Wort ward Fleisch« (Johannes 1,14) und will es immer wieder neu im Leben der Christen werden. Die Dimensionen von »Geist« und »Leiblichkeit« schließen sich nicht nur nicht aus, sondern gehören in einem Leben der Nachfolge Christi aufs Engste zusammen. »Wort« und »Brot« können so wenig gegeneinander gestellt werden wie »Geist« und »Geschichtlichkeit«, »Denken« und »Dingliches«, »Glaube« und »Tun«, wenngleich sie auch nicht im strengen Sinne identisch gesetzt werden können.

Über die sich daran anschließende Frage, wie evangelische Kommunitäten sich als evangelisch verstehen und ausweisen, wie sie also ihr Leben angesichts der Heiligen Schrift und der reformatorischen Theologie als den beiden Größen, denen sich evangelische Christen verpflichtet wissen, verantworten, sind ausführliche und fundierte Studien vorgelegt worden, so dass sie hier nicht erörtert zu werden braucht. Es genügt, in diesem Zusammenhang auf die in Anm. 3 genannten Arbeiten von Johannes Halkenhäuser und Gottfried Wenzelmann zu verweisen.[38]

»Die Antwort der Kommunitäten«

1952 erschien das rasch bekannt gewordene Buch »Die Antwort der Mönche« von Walter Dirks. Darin werden verschiedene Aufbrüche in der Geschichte des Ordenslebens dargestellt und deren gelebte Antwort auf die Herausforderungen ihrer Zeit geschildert. In ähnlicher

---

38 Eine Zusammenfassung ihrer Ergebnisse bei: Ch. Joest, Spiritualität evangelischer Kommunitäten (s. Anm. 3), 18–29.

Weise könnte man von der »Antwort der Kommunitäten« sprechen. Diese Antwort gilt sowohl den Herausforderungen der sich wandelnden Gesellschaft als auch den »volkskirchlichen Schadstellen«: »Entscheidungslosigkeit«, »Orientierungslosigkeit« und »Gemeinschaftslosigkeit«.[39]

Längst sind die Zeiten vorbei, in denen »Bürgergemeinde« und »Christengemeinde« deckungsgleich waren und sich auch so verstanden. In der pluralistischen und sich immer mehr zersplitternden Gesellschaft ist diese Kongruenz nicht mehr herzustellen. Zu großen Teilen scheint aber die Volkskirche noch von dieser Fiktion zu leben. Die Parochie als alleinberechtigte Form evangelischen Christseins hinzustellen, ist insofern schlicht anachronistisch.

Längst sind aber auch die Zeiten vorbei, in denen schon allein das pure Menschsein glücken konnte. Tragende Institutionen der Sozialisation zerbrechen, allen voran die Familie. Viele junge Menschen sind auf der Suche nach ihrer eigenen Identität. Wenn Dietrich Bonhoeffer recht hat und die vier »Mandate« Kirche, Staat, Familie und Arbeit Grundpfeiler menschlichen Lebens sind, und wenn es richtig ist, dass alle vier gegenwärtig tiefe und grundlegende, z. T. lebensbedrohende Krisen durchmachen, dann muss man feststellen, dass heute bereits das Menschsein als solches auf dem Spiel steht.

Angesichts dieser Entwicklungstrends in Kirche und Gesellschaft darf man wohl die Entstehung der Kommunitäten als einen Schritt in der Heilsökonomie Gottes

---

39 H. Claß, Kommunitäten – Kirche – Gemeinde, in: I. Reimer, Verbindliches Leben in Bruderschaften, Kommunitäten, Lebensgemeinschaften, Stuttgart ²1987, 7–11, hier: 8–10.

betrachten, weil sie in einer »Kirche auf der Suche nach ›kommunikativen Sozialmilieus‹« ihrer Intention nach »Orte authentischer Glaubenserfahrung« darstellen wollen, die eine kirchlich entwurzelte Generation noch anzusprechen vermögen.[40]

Aus diesen Gründen haben denn auch die evangelischen Kirchen die in ihrer Mitte entstandenen verbindlichen Gruppierungen mehr und mehr willkommen geheißen. 1979 erschien die Denkschrift der EKD »Evangelische Spiritualität«, in der die Kommunitäten und christlichen Lebensgemeinschaften als »Gnadenorte« bezeichnet werden.[41]

Bischof D. Helmut Claß wurde von der EKD nach seinem Ausscheiden aus dem Amt des Ratsvorsitzenden als Kontaktmann für die Evangelischen Kommunitäten beauftragt und sammelte diese in der »Konferenz evangelischer Kommunitäten« (KevK). Die Aufgabe bestand in jenen Jahren darin, in der evangelischen Kirche ein Bewusstsein für die monastische Berufung zu wecken. Ein Ergebnis dieser Jahre dürfte sein, dass der Rat der EKD 1985 Vertreter der Kommunitäten in die Synode berief.

1990 bat Bischof Claß aus Altersgründen darum, von seinem Dienst entbunden zu werden, und legte der EKD-Synode auf ihrer Tagung im November 1990 in Lübeck-Travemünde einen ausführlichen Tätigkeitsbericht vor.[42]

---

40 Vgl. M. Kehl, Die Kirche. Eine katholische Ekklesiologie, Würzburg ²1993, 199 u. 202. In dieselbe Richtung wies schon J. Moltmann, Kirche in der Kraft des Geistes (s. Anm. 34), bes. 341ff. 354ff.
41 EKD-Denkschrift »Evangelische Spiritualität«, Gütersloh 1979, 53f.
42 Veröffentl. bei J. Halkenhäuser, Kommunitäten und Kirche. Engagement und Zeugnis II (Schwanberger Reihe 19), Schloss Schwanberg, 26–33.

Die Synode fasste daraufhin folgenden Beschluss, von dem alle Kommunitäten der KevK eine schriftliche Ausfertigung erhielten:

»Die Synode hat den Bericht des Beauftragten des Rates für die evangelischen Kommunitäten mit Dank und Zustimmung entgegengenommen. Sie richtet ihren Dank auch an die kommunitären Gemeinschaften für den Dienst, den sie zeichenhaft für die ganze Kirche tun. Sie verbindet damit die Bitte, die Kommunitäten mögen sich auch weiterhin als Teil der größeren kirchlichen Gemeinschaft betrachten, den Austausch mit Gemeinden und Gruppen pflegen, interessierten, suchenden und beladenen Menschen einen Ort zum Aufatmen gewähren, den Dienst der Fürbitte für Kirche und Welt in Treue wahrnehmen und die Erinnerung an die ökumenische Weite der christlichen Berufung wachhalten […].«[43]

Als Nachfolger von Bischof Claß in der Begleitung der Kommunitäten wurde Bischof Dr. Ulrich Wilckens berufen.[44]

In seinem Abschiedswort[45] an die Kommunitäten beim Treffen der Konferenz evangelischer Kommunitäten in Selbitz sagte Bischof Claß am 27. Juni 1991: »Ich danke Gott dafür, dass es die Kommunitäten gibt. Darin sehe ich einen Hinweis auf die Treue Gottes zu unserer evangelischen Kirche. Ich sehe darin auch eine göttliche

---

43 Abgedruckt im Dokumentations-Anhang bei: Ch. Joest, Spiritualität evangelischer Kommunitäten (s. Anm. 3), 426.
44 Ebd. 425 (Brief des Ratsvorsitzenden, Bischof Dr. M. Kruse).
45 Abgedruckt ebd., 427–431, das nachstehende Zitat: 427; dazu vgl. auch J. Moltmann, Kirche in der Kraft des Geistes (s. Anm. 34), 348–352.

Korrektur einer Fehlentscheidung unserer Kirche im 16. Jahrhundert […].«

Ebenfalls 1997 trat auf Anregung von Landesbischof D. Dr. Johannes Hanselmann unter den Kommunitäten innerhalb der Evangelisch-Lutherischen Kirche von Bayern ein interkommunitärer Arbeitskreis zusammen, um über das gemeinsame Selbstverständnis und die ekklesiologische Standortbestimmung kommunitären Lebens nachzudenken. Das Ergebnis, zusammengefasst in dem Papier »Zum Selbstverständnis evangelischer Kommunitäten«,[46] dürfte nicht nur für die bayerischen Kommunitäten, sondern darüber hinaus für die meisten der in der KevK zusammengefassten Gemeinschaften sprechen.

Mit der hier skizzierten Entwicklung der letzten Jahre ist eine erfreuliche Wende angedeutet, die sich im Verhältnis zwischen protestantischen Kirchen und Kommunitäten vollzogen hat und die sich mit den Worten beschreiben ließe: von der Außenseiterrolle zur willkommenen Bereicherung und Indienstnahme.

Dennoch macht gerade das letztgenannte Papier in seinem Endabschnitt auch deutlich, dass es die meisten evangelischen Landeskirchen noch nicht verstanden haben, über die verbal geäußerten und durchaus aufrichtig und ernst gemeinten »Willkommensgrüße« hinaus den Kommunitäten einen auch irgendwie rechtlich gekennzeichneten Platz in ihrer Mitte zu schenken. Daher hängt immer noch vieles vom Wohlwollen und dem Verständnis einzelner Personen in den Kirchenleitungen ab.

Das genannte Dokument schließt mit folgenden Anliegen: dass die Kirchenleitung (in diesem Falle der Bay-

---

46 Abgedruckt bei J. Halkenhäuser, Kommunitäten und Kirche (s. Anm. 42), 35–40.

erischen Kirche) zu einem theologischen Gespräch über »die Verschiedenartigkeit von Berufungen und Lebensformen« einladen möchte; dass Gespräche »im Landeskirchenrat, bei einer Dekanats-Konferenz oder vor einer Synode« stattfinden möchten, »wenn es um die Frage des gelebten Glaubens geht«.

> »Dazu gehören auch praktische Einzelfragen, wie etwa der Dienst und die Stellung von Theologen/innen in Kommunitäten, sowie eines Pfarrers bzw. Spirituals für die Kommunitäten zu regeln ist. Nachzudenken wäre auch über eine Form von Visitation als brüderlich-schwesterlicher Austausch zwischen Kirche und Kommunität. Dafür könnte ein von der Kirche in Bayern Beauftragter benannt werden [...]. Dieser könnte mit den Kommunitäten darüber nachdenken »wie eine rechtlich verbindliche ›Rahmenvereinbarung‹ aussehen und auf den Weg gebracht werden kann.«[47]

Wenn auch die Kommunität Imshausen, die seit Jahren den Besuch der Kirchenleitung der Evangelischen Kirche in Kurhessen-Waldeck im Sinne einer kirchlichen Visitation empfängt, eine gewisse Ausnahme und zugleich ein Wegzeichen in eine gangbare Richtung zu sein scheint, und wenn auch Bischof Hanselmann mit der Einführung der neuen Priorin der Communität Casteller Ring am 9. Februar 1991 ein weiteres deutliches Zeichen gesetzt hat, so ist hier dennoch eine entscheidende Wegstrecke erst noch zurückzulegen, denn es handelt sich aufs Ganze gesehen eben doch nur um Zeichen. Und welches Verständnis eine neue Generation auf Kirchenleitungs-

---

47 A. a. O., 39f.

ebene dem Leben und der Spiritualität von Kommunitäten entgegenzubringen vermag, ist durchaus noch offen. Allerdings haben inzwischen einige Landeskirchen die Kommunitäten in ihrer Verfassung verankert, als erste die Bayerische, der die Badische Landeskirche und die Evangelische Kirche Mitteldeutschlands gefolgt sind.

Dem Geist Raum geben

Die Spiritualität evangelischer Kommunitäten

So zahlreich wie die Kommunitäten im Raum der evangelischen Kirche sind auch die Spiritualitäten dieser Gemeinschaften. Dabei deutet das Wort Spiritualität auf den »*spiritus creator*«, den Heiligen Geist Gottes hin. Christliche Spiritualität ist christliche Existenz, Lebensgestaltung unter der Führung des Geistes. Da dieser aber der Geist Jesu Christi ist, bleibt christliche Spiritualität immer auf ihn als den Herrn bezogen.

Von daher lassen sich zwei Elemente benennen, die mit christlicher Spiritualität unabdingbar gegeben sind und die allen Gliedern der Kirche unabhängig von ihrer konkreten Lebenssituation gelten: Es ist der Ruf Jesu Christi in seine Nachfolge und somit die lebendige Beziehung zu seiner Person sowie die Heilige Schrift als Quelle und Norm dieser Christusbeziehung, die durch den Geist Gottes je neu lebendig vermittelt wird.

Das heißt, dass christliche Spiritualität immer nur in der persönlichen Aneignung durch die Gläubigen, im konkret gestalteten Glaubensleben der einzelnen Glieder der Kirche existiert. In jedem einzelnen Menschen gewinnt das Leben in und mit Christus eine persönliche Einfärbung. Spiritualität existiert daher »nicht in Vorschriften, Mahnungen, Anweisungen und Systemen, sondern in Personen, im gelebten Christentum«; sie

»residiert nicht in irgendwelchen Theologien, sondern im lebendigen Dasein des Christen«.[1]

Ebenso aber, wie der eine Ruf Gottes sich in dem, der ihn hört und befolgt, verschieden umsetzt und »einfärbt«, gibt es auch eine gemeinschaftliche Umsetzung und Einfärbung durch die Kommunität. Es gibt so etwas wie »Spiritualitäten« evangelischer Kommunitäten, die freilich nichts anderes sein können als eine spezifische Ausformung der »einen« christlichen Spiritualität, je eine Weise der allen aufgetragenen Nachfolge Christi. »Das Ganze im Fragment« – dieser Ausdruck von Hans Urs von Balthasar[2] trifft auch hier: das Ganze der einen Nachfolge Christi im Fragment einer je konkreten Lebensgestaltung.

Spiritualität des gemeinsamen Lebens

Kommunitäten sind Gruppen intensiven gemeinsamen Lebens im Raum der evangelischen Kirche. Sofern dies zölibatäre Brüder oder Schwestern sind, kann man sie als Orden oder ordensähnliche Gemeinschaften bezeichnen, wie überhaupt das Aufbrechen der kommunitären Bewegung während und nach dem Zweiten Weltkrieg mit dem Wunsch nach ganzer Verfügbarkeit für Gott in Form der »Vita communis« unter den »Evangelischen Räten« zusammenhängt: Armut, Keuschheit, Gehorsam, oder: Schlichtheit und Reinheit in der Lebensführung, Anerkennung einer Autorität.

---

1 J. Sudbrack, Vom Geheimnis christlicher Spiritualität: Einheit und Vielfalt, GuL 39 (1966), 24–44, hier: 38.
2 H. U. v. Balthasar, Das Ganze im Fragment. Aspekte der Geschichtstheologie, Einsiedeln ²1990, s. bes. 83f.

Die Auslegung und das Ausleben der genannten Begriffe bleibt indessen nicht nur auf Zölibatäre beschränkt. Es gibt auch eine Reihe von Familien-Kommunitäten, die sich auf ihre Weise der Herausforderung durch die mit dieser Trias bezeichneten biblischen Nachfolge-Realität stellen. Manche Gemeinschaften bestehen nur aus zölibatären Frauen (zum Beispiel Cella St. Hildegard, Seevetal; Lukas-Communität, Bergen-Belau), viele umgreifen sowohl ledige Schwestern als auch Brüder (etwa Christusbruderschaft Falkenstein; Bruderschaft vom Kreuz), einige haben daneben Ehepaare als Tertiär-Geschwister in ihrem Umkreis (wie die Kommunität Adelshofen oder die Communität Christusbruderschaft Selbitz) oder ein ganz enges Miteinander von Familien und Ledigen innerhalb einer Kommunität (Jesus-Bruderschaft Gnadenthal; Kloster Volkenroda); auch die Einrichtung des Oblatentums gibt es hier und da (etwa Communität Casteller Ring, Schwanberg).

Spiritualität der Erfahrung

Sie alle haben ihre eigene »Einfärbung« christlicher kommunitärer Spiritualität. Dennoch lassen sich auch gemeinsame Faktoren ausweisen. Auf einen Nenner gebracht, könnte man von »Erfahrungs-Spiritualität« sprechen. Deren Wurzeln sind nicht nur im älteren und neueren Pietismus zu suchen, von dem einige Kommunitäten herkommen und der stets die Bedeutung der geistlichen Erfahrung betont hat.

Man kann bereits auf die Frömmigkeit Luthers und der Reformatoren oder auf Wilhelm Löhe (1802–1872) und andere Väter der Diakonissenbewegung hinweisen. Andererseits liegen die Ursprünge einer ganzen

Reihe von Gemeinschaften auch in der Jugendbewegung vom Beginn des letzten Jahrhunderts mit ihrer Suche nach Echtheit, Wahrhaftigkeit und Natürlichkeit des Lebensstils.[3]

Für die Christus Suchenden unter den Jugendbewegten stellte sich die Frage nach wirklicher Christus-Erfahrung im Gottesdienst, nach authentischer Gemeinde-Erfahrung im Erleben echter menschlicher Beziehungen, nach Formen und Lebensgestalten, die solchen Erfahrungen konkreten Ausdruck verliehen und zugleich mit Inhalt gefüllt waren.

Dies hat nichts damit zu tun, dass man etwa »im Schauen« leben wollte anstatt »im Glauben«. Das häufig missbräuchlich zitierte Wort aus 2. Korinther 5,7 greift hier nicht, weil solche Ausdrucksformen ja nur Hülsen sind, »in, mit und unter« denen geistliche Erfahrung geschenkt werden kann, die unverfügbar ist. Der Glaube wird jedoch ganzheitlicher gelebt und erfahren, weil er aus dem Bereich der exklusiven Innerlichkeit herausgenommen und in die Bewährungsprobe gemeinschaftlichen Lebens gestellt ist. Letztendlich weist die Spiritualität der Erfahrung zurück bis in die alte Kirche, bis hinein in das frühe Mönchtum. Hier liegen Wurzeln, die in vielen Kommunitäten – oft erst nachträglich – mit Freude entdeckt und dann auch bewusst reflektiert wurden.

Spiritualität der Begegnung

Von daher gibt es bei allen evangelischen Kommunitäten eine große, wenn auch nicht unkritische, ökumenische

---

3 S. dazu ausführlicher: Die Entstehung von Kommunitäten in den Kirchen der Reformation, in diesem Band S. 66–105.

Offenheit. Eine »Spiritualität der Begegnung« zeichnet sie durchweg aus. Diese findet einen ganz wesentlichen Ausdruck in der Gastfreundschaft. Fast alle Gemeinschaften haben ein Gästehaus oder wenigstens Gästezimmer, laden ein zum Mitleben und Mittun oder zur Einkehr und Besinnung. Manche Kommunitäten haben einen regelrechten Tagungsbetrieb (zum Beispiel Gnadenthal; Schwanberg; Selbitz; Schniewindhaus, Schönebeck bei Magdeburg), andere räumen beschränkte Möglichkeiten des Mitlebens bei möglichst tiefgehender Beteiligung am Leben der Gemeinschaft selbst ein (etwa Sankt-Johannis-Konvent, Hersbruck). Durchweg ist der »Gast-Freund« – das altmodische Wort der klassischen Sprachen trifft im Vollsinn hier zu – eingeladen, am Gebetsleben der Gemeinschaft teilzunehmen.

Spiritualität des Feierns

Gebetszeiten und Gottesdienste sind Feste des Christusgeheimnisses, Feiern seiner Gegenwart, insofern auch und gerade zentral: Begegnung. Daher wird ihr Ablauf bewusst gestaltet. Die Gebetszeiten sind meist liturgisch geformt. Dabei kann es sich um frei zusammengestellte Gebetsordnungen handeln, die in der Regel als Elemente Lied, Lesung, Psalmgebet, aber auch die freie Gebetsgemeinschaft umfassen (Adelshofen; Evangelische Marienschwesternschaft, Darmstadt). Häufiger ist die Anlehnung an traditionelle liturgische Formen zu beobachten, wobei auch hier ein reger ökumenischer Austausch stattfindet; das Münsterschwarzacher Deutsche Antiphonale hat – in Auszügen wenigstens – in manche evangelische Kommunität hineingewirkt (vor allem

Schwanberg, aber auch Selbitz; Gethsemane-Bruderschaft, Riechenberg/Goslar); die liturgische Arbeit der Evangelischen Michaels-Bruderschaft oder der Alpirsbacher Singebewegung hat hier ebenfalls Früchte getragen (etwa Ordo Pacis). Fast durchweg sind auch die Taizé-Chorusse oder ostkirchliche Elemente anzutreffen. Gesang, ob ein- oder mehrstimmig, spielt überall eine herausragende Rolle.

Das Abendmahl, die Eucharistie, ist der Mittelpunkt des Gebetslebens. Viele Kommunitäten feiern mehrmals in der Woche einen Sakramentsgottesdienst, fast alle mindestens jeden Sonntag, manche sogar täglich.

Liturgisches Beten ist gewöhnungsbedürftig für den, der es zum ersten Mal erlebt. Mancher, der gerne aktiv mittun möchte, findet sich zuerst mit der zum Teil andersartigen gregorianischen Notierung, den fremdartigen Melodien und dem Vor- und Zurückblättern in den Büchern kaum zurecht. Liturgisches Beten hat seinen »Sitz im Leben« in dem tagein, tagaus geübten Gebet einer Gemeinschaft, die nicht andauernd eigene Gebete frei »produzieren« kann, weil dies eine seelische Überforderung wäre.

Liturgie ist wie ein bereiteter Raum, den man betreten kann: Ich trete ein in das Gebet der Kirche.[4] Der Besucher, der sich davon tragen lässt, wird bald die Kraft und die Tiefe dieses Betens erfahren und sich darin bergen können. Das hindert nicht, dass hier und da auch freie Elemente eingebaut werden.

Zur »Spiritualität des Feierns« gehört auch die Gestaltung von Festen, der großen Hochfeste des Kirchen-

---

[4] S. dazu ausführlicher: »Dem Gottesdienst nichts vorziehen«, in diesem Band S. 56–63.

jahres ohnehin, aber auch der kleinen und der persönlichen Gedenktage und Feiern: Geburtstage, Jubiläen, Freundestage. Mancherorts hat sich die festliche Begrüßung des Sonntags am Vorabend eingebürgert (zum Beispiel Gnadenthal; Schwanberg).

Spiritualität des Hörens

Evangelische Kommunitäten wollen Raum machen für Gott, im eigenen Leben wie in dem ihrer Besucher und Gäste. Und sie wollen Räume anbieten, in denen sich die Gottesbegegnung des einzelnen ereignen kann, wenn sie denn geschenkt wird. Daher ist hier eine »Spiritualität des Hörens« zu finden, der man als Zwillingsschwester die »Spiritualität des Schweigens« zur Seite stellen könnte. Nicht um ein bloßes Verstummen geht es dabei. Gemeint ist vielmehr die Sammlung, die Konzentration auf die »Stimme des schwebenden Schweigens« (1. Könige 19,12 nach Buber).

Viele Kommunitäten bieten daher ihren Gästen Stille und Einkehr an. Manche haben den Wert der ignatianischen Exerzitien entdeckt, weil diese es ermöglichen, den einzelnen auf seinem je persönlichen Weg mit Gott zu stärken und Gottes je persönlichen Weg mit ihm zu entdecken und zuversichtlicher zu gehen (etwa Jesu-Weg-Schwestern, Craheim; Communität Christusbruderschaft Selbitz; Jesus-Bruderschaft Gnadenthal).

Andere führen in das kontemplative Beten ein (wie die Gethsemane-Bruderschaft) oder in die christliche Meditation (zum Beispiel Communität Casteller Ring; Jesu-Weg-Schwestern, Craheim). Daneben gibt es das Bibelgespräch oder die Bibelarbeit, die Jugendfreizeit oder das »Stille Wochenende«. Die Jahresprogramme der Kommunitäten weisen aus, wo der jeweilige Schwerpunkt liegt.

Spiritualität des Weges

Viele Menschen sind für geistliche Begleitung dankbar, nicht nur, aber vor allem auch dann, wenn sie sich auf den Weg des Schweigens einlassen. Die Kommunitäten wissen um das Unterwegs-Sein des Gottesvolkes wie des Einzelnen. Fast überall, wo Stille und Einkehr geboten wird, gibt es die Möglichkeiten des beratenden Gespräches, der Seelsorge, der Beichte. Exerzitien werden stets zusammen mit einem Begleiter durchschritten. Die Spiritualität des Hörens, des Zuhörens und Aufeinander-Hörens wandelt sich so in eine »Spiritualität des Weges«, des gemeinsamen Unterwegs-Seins.

An eine Grenze kommen die meisten Kommunitäten da, wo anstelle von Seelsorge im Grunde nach Therapie gefragt wird. Wenngleich die Grenzen hier fließend sein können, ist die Gemeinschaft in der Regel damit überfordert, es sei denn, sie hat ausgebildete Therapeuten in ihren Reihen und macht diese Art der Beratung zu einem ihrer Arbeitsschwerpunkte.

Dass sie selbst noch nicht fertig sind, sich auf einem Weg befinden, Prozesse des Wachstums, der Reifung und der Erneuerung durchlaufen, dessen sind sich die Kommunitäten bewusst. Die »Spiritualität des Weges« betrifft in erster Linie sie selbst. Darum gibt es auch unter ihnen, so verschieden sie im Einzelnen sein mögen, die Weggemeinschaft, sei es durch persönliche Kontakte und gegenseitige Beratung, sei es auch durch konkrete Zusammenarbeit, wie sie einige Jahre lang zwischen Brüdern und Familien der Jesus-Bruderschaft Gnadenthal und

Brüdern der Communität Christusbruderschaft Selbitz im Kloster Volkenroda (Thüringen) geschah.

Spiritualität der Arbeit

Betrachtet man die Spiritualität evangelischer Kommunitäten vom Erleben der Brüder und Schwestern aus, dann hätte die Arbeit viel früher bereits genannt werden müssen. Das klassische »*ora et labora*« ist für alle Gemeinschaften insofern wegweisend, als sie den Lebensunterhalt für ihre Mitglieder durch eigene Arbeit bestreiten. Viele Kommunitäten ermöglichen in der einen oder anderen Weise auch Mitarbeit. Wer längere Zeit mitlebt, wird eingegliedert in die Arbeitsabläufe, sei es als Volontär, in einem Praktikum, einem sozialen Jahr, als Teilnehmer an einer »Lebensschule« (Adelshofen) oder im »Kloster auf Zeit«.

Da Christsein Menschsein zur Grundlage hat, gehört Arbeit zu einem gesunden geistlichen Leben unabdingbar hinzu. Nicht zuletzt auch hier bewährt sich, dass die Spiritualität evangelischer Kommunitäten eine Spiritualität konkreter Erfahrung ist.

Eine Theologie der geistlichen Gemeinschaften in der evangelischen Kirche?

Werkstattgespräch (2.–4. April 2019, Selbitz)
Zusammen mit Sr. PD Dr. Nicole Grochowina, Selbitz

Gibt es so etwas wie eine Theologie des gemeinsamen Lebens, in das sich das Werden und Wirken der geistlichen Gemeinschaften in der evangelischen Kirche Deutschlands einfassen lässt? Unter dieser Frage kamen im April 2019 27 Teilnehmer aus unterschiedlichen evangelischen Kommunitäten und geistlichen Gemeinschaften zusammen, um miteinander unterschiedliche Grundsatzdokumente (Regeln, Leitbilder, Grundlagen) aus sechs unterschiedlichen Gemeinschaften (Michaelsbruderschaft, Offensive Junger Christen, Communität Christusbruderschaft Selbitz, Jesus-Bruderschaft Gnadenthal, Christusträger Brüder und Communität Casteller Ring) anzuschauen und in einem zweiten Schritt Impulse aus unterschiedlichen Disziplinen (Aszetik, praktische Theologie und katholische Ordenstheologie) sowie vom »Kommunitäten-Bischof« der evangelischen Kirche Deutschlands, Dr. Christoph Meyns, aufzunehmen und zu diskutieren.

Seit Luthers radikaler Absage an jede Form von Werkgerechtigkeit ist es unmöglich geworden, von Kommunitäten als etwas Besonderem zu sprechen. Weil sie anders lebten, kam gleich nach ersten Gründungen der Verdacht auf, sie wollten »etwas Besseres« sein. Doch was sind sie in der evangelischen Kirche und in der Kirchenlandschaft überhaupt? Sind sie etwas Besonderes? Ebenso wie katholische Orden werden sie als »Gnadenorte« verstanden, an denen Gottes Nähe in besonderer Weise erfahrbar sei. Darüber hinaus gelten sie als »Werkstätten geistlichen Lebens«, »Laboratorien der Einheit«, »Anders-Orte«, »Kontrastgemeinschaften« und als Grenzgänger, die so die Ökumene vorantreiben. All dies bedeutet: Kommunitäten sind Orte intensiven gemeinsamen geistlichen Lebens; sie leben also im Prinzip nichts anderes als die allen Christen aufgetragene Nachfolge Christi – insofern sind sie nichts Besonderes. Allerdings leben sie diese besonders intensiv: Durch die Verbindlichkeit der Gemeinschaft und die dadurch bedingten unausweichlichen Reibungen aneinander, die Schmerzen, denen man nicht ausweichen kann (und will) und die dazu nötigen, Barmherzigkeit und Vergebung zu lernen, entsteht das, was andere Menschen als »Gnade« erfahren.

Christen in Kommunitäten sind also nicht besser als andere Christenmenschen – auch nicht vor sich selbst, wenn sie denn aus den durchlebten Krisen die richtigen Schlüsse ziehen. Aber die Intensität, in der sie leben, was sie leben, ist anders und macht das »Kontrasthafte« aus, die »Werkstatt« (wo Späne fallen). Sie erfahren aber auch besonders intensiv, weil existenziell, was »Rechtfertigung des Sünders« bedeutet, was Gnade und Barmherzigkeit Jesu Christi ausmacht. Und davon teilen sie aus in Seelsorge und geistlicher Begleitung.

Diesen besonderen und zugleich wenig besonderen Kommunitäten näherten sich die Teilnehmenden des Werkstattgesprächs zunächst über die Regeln und Leitbilder der Gemeinschaften: Wie eröffnet die jeweilige Gemeinschaft den inneren Raum für Gottes Gegenwart?

Und welche besondere Gestalt hat dieser Raum? Was inspiriert an den Regeln, was befremdet aber auch? Entlang dieser drei Fragen galt es, den Blick für das Sein, Werden und Wirken der Gemeinschaften zu schärfen. Die Vorgehensweise während des Werkstattgesprächs war also induktiv: Es wurde nicht vorgegeben, wie eine Theologie des gemeinsamen Lebens aussehen sollte oder müsste, sondern es wurde erhoben, was sich nach teilweise über siebzig Jahren gelebten Lebens als gültig herauskristallisiert hat.

Dabei zeigte sich recht zügig, dass das Genre der Texte ebenso unterschiedlich war wie die Gemeinschaften selbst: Eine Regel etwa ist etwas anderes als ein Leitbild, denn eine Regel spricht nach außen, sie wird veröffentlicht, sie ist von allen einsehbar. Ein Leitbild spricht demgegenüber primär nach innen und adressiert die Geschwister der jeweiligen Gemeinschaft. Hinzu kommt: Regeln regeln sehr wenig, sondern sind eher spirituelle Grundlagentexte, sie stellen mehr oder weniger allgemein die Grundzüge der Spiritualität einer Gemeinschaft dar. Der Alltag kann in ihnen nicht enthalten sein, weil er nicht einfassbar ist und sich zu schnell ändert. Und so sind Regeln auf Ergänzung durch konkrete Einzelregelungen angewiesen, meist »Konkretionen« oder »Konventionen« genannt, die sich leichter ändern und an die Erfordernisse des praktischen Lebens anpassen lassen.

Deutlich wurde auch, dass diese Texte in einem jeweils sehr spezifischen Kontext entstanden sind und diesen auch widerspiegeln: So ist die kämpferische Sprache der Regel der Evangelischen Michaelsbruderschaft der Kirchenkampfsituation im Nationalsozialismus geschuldet, während der Regel der Christusbruderschaft Selbitz anzumerken ist, dass sie den Spagat zwischen Bewahrung der Ursprünge und Fortschreibung in die Gegenwart wagt. Die »Grammatik« der Offensive Junger Christen setzt sich mit der eigenen Vergangenheit auseinander und entwickelt z. B. ein modernes Gehorsamsverständnis, das sich von dem der Gründungsjahre diametral unterscheidet.

Doch in all der Kontextgebundenheit wurde die gemeinsame Aufgabe deutlich, die sich letztlich auch durch die gesamte Ordensgeschichte hindurchzieht, nämlich: Immer geht es darum, die Ursprungsinspiration an die nächste und übernächste Generation weiterzugeben und sie damit notwendigerweise zu »verheutigen«, ohne die gültigen Impulse des Anfangs preiszugeben. Dabei geht es allen Regeln und Leitbildern um die Nachfolge Christi, und zwar in einer Form, die den Herausforderungen der jeweiligen Zeit entspricht und auf sie antwortet. Fragt man aber weiter, was Kommunitäten und Gemeinschaften eigentlich »evangelisch« macht, so liegt in der Christozentrik eine wesentliche inhaltliche Antwort. Das bedeutet gleichermaßen, dass ein Christusmonismus fatal wäre. Konsequenterweise tragen deshalb alle Regeln immer auch Gott Vater und dem Heiligen Geist Rechnung, allerdings in unterschiedlicher Gewichtung.

Doch »evangelisch« bedeutet ebenso, dass die Bezeichnung »Ordenschrist« in kirchenjuristischer Hinsicht keinerlei Bedeutung innerhalb der evangelischen Kirche hat: Obwohl einige evangelische Landeskirchen die Kommunitäten und geistlichen Gemeinschaften in ihren Verfassungen verankert haben (Evangelisch-Lutherische Kirche in Bayern, Evangelische Landeskirche in Baden und Evangelische Kirche in Mitteldeutschland), existiert kein evangelisches Ordensrecht in den Kirchen der Reformation. Die Zugehörigkeit zu einer evangelischen

Kommunität oder einer geistlichen Gemeinschaft begründet daher keinen Sonderstatus innerhalb der kirchlichen Struktur und der evangelischen Öffentlichkeit. Und schließlich verstehen die Mitglieder der Kommunitäten ihren Schritt in die Gemeinschaft als Ausdruck ihrer Freiheit – ganz im Sinne der Rede von Martin Luther zur »Freiheit eines Christenmenschen« (1520). Ihre Versprechen (Profess) sind also in rechtlicher Hinsicht Privatgelübde, die sie Gott und der Gemeinschaft gegenüber geben, aber auf diesen liegen keine Sanktionen von außen, weder vom Staat noch von der Kirche; sie werden freiwillig eingegangen und freiwillig gehalten.

Nach dieser ersten Bestandsaufnahme, die nicht nur Grundlinien, sondern auch bis zu siebzig Jahre Erfahrungen des gelebten Lebens ansatzweise reflektierte, öffneten Impulse »von außen« diese Perspektive, denn nun wurden Fragen und Inspirationen an die Gemeinschaften herangetragen. Dabei wurde nicht allein die Zuschreibung der »Gnadenorte« noch einmal aufgegriffen und präzisiert, sondern auch mit Blick auf die Prophetie (im Sinne einer Durchschau auf Gott) als wesentliches Merkmal der Kommunitäten benannt und eingehender diskutiert. Dadurch rückte nicht zuletzt das Verhältnis zwischen Kirche und Gemeinschaften in den Blick, da die Ermächtigung des Einzelnen – ganz im Sinne des Priestertums aller Glaubenden – in den Kommunitäten durchaus die Kraft hat, kirchliche Strukturen herauszufordern und so zwar in der Kirche, aber auch als deutlich erkennbares Gegenüber der Kirche aufzutreten (Beitrag von Prof. Dr. Peter Zimmerling, Leipzig).

Doch die Gemeinschaften müssen sich auch fragen lassen (ausgehend vom Beitrag von Prof. Dr. Klaus Raschzok, Neuendettelsau), ob sie überhaupt an der –

auch akademisch orientierten – Mitgestaltung einer geistlichen Theologie mitwirken wollten. Sehen sich die »Werkstätten« der Spiritualität auch in der Lage, die gelebte Erfahrung zu versprachlichen, zu verorten und schließlich in eine – womöglich gemeinsame – geistliche Theologie münden zu lassen, um nicht zuletzt auf diese Weise der »Sprache der Akademie« die »Sprache des Glaubens« zuzufügen und dann möglicherweise in einer »dritten Sprache« vom geistlichen Leben zu reden? Hier hat sich eine Spur eröffnet, die des weiteren Nachdenkens bedarf. Zudem tangiert die Frage nach der »dritten Sprache«, die reflektiert vom Glauben erzählt, nicht nur die Gemeinschaften, sondern auch Kirche als solche.

Schließlich machte der Blick auf verschiedene Fragen der katholischen Ordenstheologie (Sr. PD Dr. Nicole Grochowina, Selbitz) deutlich, dass das Leben in und die Auseinandersetzung mit *communio* ungeachtet der unterschiedlichen Rahmenbedingungen, in denen katholische Orden und evangelische Kommunitäten leben, ein gemeinsames Geschenk der Gemeinschaften an die heutige Gesellschaft sein kann, die sich eher durch posttraditionelle Formen der Vergemeinschaftung auszeichnet – und dies ungeachtet aller Säkularität bisweilen als Defizit erfährt und nach »Anders-Orten« sucht.

So wurden am Ende zahlreiche Fragen deutlich, die auf die Vergewisserung nach innen (Umgang mit Gründungsimpulsen, gemeinsame Verständigung bei unterschiedlichen Themen wie Eschatologie, Kreuzestheologie, Verbindlichkeit etc.) sowie nach außen (*communio* im Kontext auch eines politischen Christentums, Verhältnis zu Kirche und Welt etc.) zielen und die sich in der abschließenden und zugleich öffnenden Frage von Bischof Meyns bündeln: »Was sind Kriterien für eine von Christus ausgehende gelungene Gemeinschaft?« Der Weg, auf dem eine gemeinsame Antwort gesucht wird, hat just begonnen.

»Dem Gottesdienst nichts vorziehen«

In der Mitte der Benediktsregel heißt es: »Dem Gottesdienst soll man nichts vorziehen« (Regula Benedicti = RB 41,1).[1] Warum?, mag mancher fragen. Ist das eine formale Bestimmung, eine gesetzliche Vorschrift, eine Einengung also? Spricht hier das Autoritätsbewusstsein der ausgehenden Antike, die für unser Empfinden sehr oft schlicht und einfach autoritär war? Warum soll dem Gottesdienst nichts vorgezogen werden?

Christus nichts vorziehen

Der heilige Benedikt (gest. ca. 547) verrät es uns an zwei Stellen seiner Regel. Die eine finden wir ziemlich am Anfang, die andere ganz am Ende des kleinen Werkes. Dort heißt es: »Der Liebe zu Christus nichts vorziehen« (RB 4,21) und: »Christus sollen sie gar nichts vorziehen« (RB 72,11).

Jesus Christus ist es, um den sich das ganze Leben dreht. Er ist der Mittelpunkt des Klosters. Er ist der Hausherr (RB 2,7). Der Ruf seiner Barmherzigkeit

---

[1] Regula Benedicti. Die Benediktusregel Lateinisch/Deutsch 5. Aufl., Beuron 2011.

überragt alles (RB Prol 20f.). Seine Liebe, die uns auf einen Weg der Freude einlädt (RB Prol 49), ist kostbarer als jede andere Beziehung. In seiner Gegenwart erfährt der Mensch Heilung und Heil, löst sich das verkrampfte Ich und wird in der Erlösung frei und rein. Christus nichts vorziehen, das ist daher die Grundmelodie benediktinischen Lebens – und des christlichen Lebens überhaupt.

Christi Gegenwart aber erfuhr der antike Mensch in besonderer Weise im Gottesdienst. Der äußere Ablauf der Feier brachte ihn in eine personale Beziehung zu Gott. Dort stand er Auge in Auge, Herz in Herz vor ihm, dem Herrn der Welt. Schon der 100. Psalm weiß davon zu singen:

> Jauchzet dem Herrn, alle Welt!
> Dienet dem Herrn mit Freuden,
> kommt vor sein Angesicht mit Frohlocken!
> Erkennet, dass der Herr Gott ist.
> Er hat uns gemacht und nicht wir selbst
> zu seinem Volk und zu Schafen seiner Weide.
> Gehet zu seinen Toren ein mit Danken,
> zu seinen Vorhöfen mit Loben;
> danket ihm, lobet seinen Namen!
> Denn der Herr ist freundlich, und seine Gnade währet ewig
> und seine Wahrheit für und für.

Gottesdienst im Tempel (die *Tore* und *Vorhöfe*), Begegnung mit Gott, Freude an seiner Gnade und Treue, Lob und Dank aus dem Innersten des Herzens, das ist in ein und derselben Handlung vereint. Der Gegensatz von »außen« und »innen«, von »nur äußerlicher« Liturgie und innerlicher Gottesbeziehung, ist modern und wäre dem biblischen Menschen künstlich vorgekommen. In der gestalteten Form drückt sich die Beziehung aus und ereignet sich real, so wie bei uns ein Handschlag mehr ist als nur eine bedeutungslose äußerliche Handlung, weil sich darin der Gruß, die Begegnung, die Wertschätzung des andern wirklich ereignet.

Warum also ist dem Gottesdienst nichts vorzuziehen? Weil Christus uns dort begegnet. Weil er sich im Gottesdienst mitteilt. Weil dort das Heil gefeiert und erfahren wird.

Gottesdienst als Lehr-Veranstaltung?

Der moderne Mensch fragt aber weiter: Warum nur im Gottesdienst? Bedenken wir die volkskirchliche Situation, müssen wir die Berechtigung dieser Frage auch voll und ganz anerkennen. Was erlebt man denn da? Die Reformatoren selbst sind nicht ganz unschuldig daran, dass der Gottesdienst über Jahrhunderte hin als Lehr-Veranstaltung betrachtet wurde. Das Volk sollte über das Wort Gottes und sein evangelisches Verständnis aufgeklärt und unterrichtet werden. Die Predigt trat in den Mittelpunkt. Die Belehrung verdrängte das Fest.

Gewiss, auch im Wort ist Christus gegenwärtig, aber das wurde in einer solchen Einseitigkeit betont, dass in der ersten Hälfte des letzten Jahrhunderts ein evangelischer Konfessionskundler schreiben konnte: »Gott ist dem Protestanten im Geiste, im Wort gegenwärtiger als im Brot [...]. Und da Gott mit der Gemeinde nicht anders durchs Wort handelt als mit den Einzelnen, hat für solche Einzelne, die reif genug sind, ihre Erbauung auch selbst zu gewinnen, der Gemeindekult (d. h. der Gottesdienst, A. d. V.), keine spezifische religiöse Würde.«²

Und deshalb legt sich auch sofort ein anderer Einwand nahe, der so alt bzw. so jung ist wie die Aufklärung: »Christus nichts vorziehen – schön und gut, aber ihm kann ich auch anderswo als im Gottesdienst begegnen, z. B. in der Reinheit der Vernunft, oder – wie es die Romantiker gesagt haben würden – wenn ich etwas Schönes erlebe, in der Natur etwa oder beim Hören von Musik.«

Eine Geschichte vom Mönchsvater Antonios (251–356) kommt in den Sinn: Eines Tages wanderte ein Philosoph an dem Berg vorbei, auf dem Antonios wohnte, und kehrte bei ihm ein. Er fragte ihn, wie er denn leben könne ohne den Trost der Bücher. Antonios antwortete: »Mein Buch ist die Natur der geschaffenen Dinge, die bei mir zu sein pflegt, sooft ich Worte Gottes zu lesen wünsche.«³

Antonios – ein moderner Aufklärer? Dennoch sang er pünktlich und mit Hingabe mehrmals am Tag Psalmen, wie es bei den Mönchsvätern der ägyptischen Wüste üblich war. Für ihn klaffte da nichts auseinander.

Gottesdienst im Himmel und auf Erden

Es geht um ein anderes Gottesdienstverständnis, um eines, das dem biblischen Menschen selbstverständlich, der Urkirche und der ganzen antiken Christenheit ins

---

2 So H. Mulert in der 1. Auflage seiner »Konfessionskunde«, Gießen 1927, 411f.; in der 2. Aufl. fügte er einschränkend hinzu: »Aber wer ist so reif?« (Berlin 1937, 367).
3 Verba seniorum VI, 4, 16, in: Migne, Patrologia Latina 73, 1018 C; vgl. E. Schweitzer (Hg.), Apophthegmata Patrum (Teil III). Aus frühen Sammlungen (Weisungen der Väter 16), Beuron 2013, 163.

Herz geschrieben war und bis heute noch in der Ostkirche lebendig ist. Da ist der Gottesdienst nicht eine Veranstaltung, die wir machen (müssen). Er ist vielmehr etwas Vorgegebenes, ein Fest, das immer schon gefeiert wird und in das wir nur eintreten müssen, um dabei zu sein.

Sehen wir den Gottesdienst als Veranstaltung, dann haben wir nichts davon, sobald unsere Aufmerksamkeit abgelenkt ist oder wir müde und zerstreut sind. Es hängt alles an uns. Und am Pastor: Ist die Predigt schlecht, ist der Gottesdienst schlecht. Soll der Gottesdienst gelingen, muss ich immer aufmerksam und konzentriert sein. Das ist auf die Dauer ermüdend und entmutigend.

Das andere Gottesdienstverständnis weiß mit dem biblischen Buch der Offenbarung: Im Himmel wird gefeiert. Dort stehen der Thron und das Lamm im Mittelpunkt; die 24 Ältesten sitzen im Kreis, dann erheben sie sich, werfen sich nieder, legen ihre Kronen dem Lamm zu Füßen und beten an; sie singen ein Lied; dann rufen die Wesen, die den Thron tragen: »Heilig, heilig, heilig.«

Eine große Menge mit Harfen stimmt ihren Lobpreis an, die »Wolke der Zeugen« (Hebräer 12,1) umgibt den Thron, und die Gebete der Gemeinde steigen von der Erde auf wie Weihrauch (vgl. Offenbarung 4,1–11; 5,8; 7,9–17): Im Himmel wird Gottesdienst gefeiert, dort entfaltet sich eine himmlische Liturgie, ein Fest zur Ehre Gottes. Und wenn wir Gottesdienst feiern, dann treten wir ein in einen bereiteten Raum, dann nehmen wir teil an einer Feier, die auch ohne uns da ist, die vor uns ist, die größer ist als wir, an der wir uns aber beteiligen dürfen und unseren Beitrag bringen.

Daher sind die orthodoxen Kirchen von oben bis fast unten ausgemalt: In der Kuppel thront der Allherrscher,

Christus als Ebenbild Gottes (Kolosser 1,15), unter ihm und um ihn herum dienen die Engel als Priester und Diakone in der himmlischen Liturgie, und dann schließen sich Reihe um Reihe die Engel, die biblischen Gestalten und die Heiligen der Kirchengeschichte an, die ganze Wolke der Zeugen. Etwa in Kopfhöhe hört die Bemalung auf: Ab hier fügt sich die jetzt lebende Gemeinde ein und setzt die Wolke der Zeugen bis in die Gegenwart fort.

In diesen vorbereiteten Raum des Gottesdienstes darf ich eintreten und mittun. Hier bin ich als ganzer Mensch willkommen. Alle Sinne werden angesprochen, Augen, Ohren, Stimme (und selbst die Nase, wenn Weihrauch verwendet wird), Gedächtnis, Verstand und Wille. Die Feier der Danksagung, der Eucharistie, steht im Mittelpunkt. Der Herr verschenkt sich, im Zeichen und doch real zugleich.

Mein Leben wird aus tieferen Quellen genährt, und hier erfahre ich es. Ich erlebe es. Es geschieht mir. Sollte ich dem etwas vorziehen?

Gottesdienst und Alltag

Wie die Geschichte von Antonios dem Großen zeigt, schließt es sich nicht aus, Christus im Gottesdienst und in der Natur und überhaupt überall zu begegnen. Der heilige Benedikt zeigt seinen Brüdern, dass Christus besonders auch im Kranken zugegen ist (RB 36,1), im Armen (RB 53,15), im Gast (RB 53,1.7). Hier meldet sich ein erweitertes Gottesdienstverständnis zu Wort, das dem modernen Menschen nicht fremd ist, nämlich Gott im Alltag zu dienen, im Mitmenschen. Gerade um dieser Hingabe im täglichen Leben willen aber sagte Benedikt:

»Dem Gottesdienst soll man nichts vorziehen«, und er meinte damit die tägliche Feier der Stundengebete und der Eucharistie.

Denn da ist Christus allein im Mittelpunkt der Aufmerksamkeit. Dorthin geht man allein um seinetwillen, ohne Nebenabsichten. Diese Zeit gehört nur ihm, und dass ich sie mir nehme, zeigt, wie viel er mir wert ist. Hier bin ich zweckfrei, ohne »um zu …«. Hier will ich nichts erreichen. Hier werde ich erreicht.

Dass ich in dieser Weise dem Gottesdienst nichts vorziehe, bedeutet freilich auf der anderen Seite, dass ich auch dem Gottesdienst im Mitmenschen, im Alltag, in den Situationen, die mich fordern, nicht ausweiche. Benedikt war kein Frömmler und kein Schwärmer. Sonst würde er nicht von Christus im Kranken und Schwachen reden. Er wusste, dass ihre Pflege mühsam und anstrengend sein kann (z. B. RB 36,4f.). Er war Realist. Beides gehört zusammen: Christus im Mitmenschen dienen und sich einladen lassen zu dem Fest, auf dem Christus uns dient.

Gottesdienst in evangelischen Kommunitäten

Ob sich solch ein Gottesdienstverständnis in unserer Volkskirche auf breiter Basis wiedergewinnen lässt, mag man bezweifeln. Es kommt aber dem Bedürfnis unserer Zeit nach ganzheitlichem Erleben entgegen. Die im Rahmen der Kirchentage aufgekommenen »Feierabendmahle« bezeugen das. Wenn es dabei auch manche Fehlentwicklungen gegeben haben mag, so äußert sich darin doch die berechtigte Sehnsucht der Menschen, Gemeinschaft, Fest und Feier um Gottes willen wirklich und wirksam zu erfahren.

Evangelische Kommunitäten und andere Lebensgemeinschaften scheinen die Chance zu haben, aus dem täglich gefeierten Gotteslob den Gottesdienst des Alltags gestalten zu können und beide immer aufeinander bezogen zu halten. Es ist jedenfalls bezeichnend, dass der Gottesdienst in den Kommunitäten einen hohen Stellenwert hat. Tägliche Gebetszeiten werden von allen diesen evangelischen Gemeinschaften gepflegt. Das Abendmahl wird mindestens einmal pro Woche gefeiert, bei manchen Kommunitäten dreimal (z. B. bei der Communität Casteller Ring auf dem Schwanberg bei Würzburg), bei einigen gar täglich (z. B. bei der Jesus-Bruderschaft in Gnadenthal und in Volkenroda). Dabei nehmen diese Gottesdienste wieder mehr und mehr die Form des Festes an. Das Kirchenjahr trägt mit seinen unterschiedlichen Inhalten und den liturgischen Farben zu seiner Ausgestaltung bei. Die Liturgie entfaltet sich bunt mit Gesängen, Psalmen, Lesungen und Wechselgebeten. Alles ist darauf ausgerichtet, Christus als Hausherrn und Spender aller guten Gaben zu begegnen und zu empfangen. Er feiert mit uns. Gemeinschaft wird dort erfahrbar und setzt sich in die täglichen Aufgaben und Arbeiten hinein fort.

Wo das geschieht, werden Menschen angezogen, ja angesteckt. Denn sie erfahren: Christus hat uns nichts vorgezogen. Wie könnten wir ihm und der Feier seines Festes etwas vorziehen?

II Geschichtliches

Die Entstehung von Kommunitäten in den Kirchen der Reformation

Was immer im Raum der evangelischen Kirchen an geistlichen Neuaufbrüchen sich ereignet, es muss sich vor zwei Foren verantworten: vor dem Evangelium und vor der Reformation. Als gegen Ende des Zweiten Weltkriegs und in den Jahren unmittelbar danach Gemeinschaften von evangelischen Christen entstanden, die bewusst zölibatär und in *vita communis* lebten, erhob sich sofort der Vorwurf: »Was ihr macht, ist katholisch!« Das war damals das Schlimmste, dessen ein evangelischer Christ angeklagt werden konnte[1]. Die ersten Veröffentlichungen aus dem Lager der evangelischen Kommunitäten dienten denn auch dem Nachweis, dass eine ordensähnliche Gestalt von Christsein weder un-

---

1   Vgl. hier und zum Folgenden: Ch. Joest, Spiritualität evangelischer Kommunitäten. Altkirchlich-monastische Tradition in evangelischen Kommunitäten von heute, Göttingen 1995, 17–29; ders., Der Protestantismus und die evangelischen Kommunitäten, in diesem Band S. 17–39; ders., Art. »Bewegungen, kirchliche, I« in: LKRR 1 (2019), 393–395; ders., Art. »Kommunitäten, II« in: LKRR 2 (2019), 984–987; ders., Art. »Kommunitäten, Orden, Bruder- und Schwesternschaften«, in: Evangelisches Soziallexikon, Neuausgabe Stuttgart 2001, 874–877. Zum Vorwurf des Katholisierens schon H. Dombois, Über den geschichtlichen Sinn evangelischer Orden, EvJ 15 (1950/51), 133–146, hier: 140.

biblisch ist² noch gegen die Prinzipien der Reformation verstößt.³

Als Erster hat der evangelisch-reformierte Kirchenrechtler Hans Dombois (1907–1997) darauf hingewiesen, dass sich der neutestamentliche Ekklesia-Begriff schon in der Heiligen Schrift selbst nach vier Seiten hin entfaltet.⁴ Man könnte diese vier Erscheinungen von Kirche wie in einem Fadenkreuz zusammenfassen: Auf der einen Linie – sagen wir: der waagerechten – stehen sich Universalkirche und Ortsgemeinde gegenüber. Die Senkrechte ist bestimmt von der johanneischen Dialektik des »in der Welt, aber nicht von der Welt« (vgl. Johannes 17,14–18) und zeigt die Kirche, die sich um ihres Verkündigungsauftrages willen in die sie umgebende Kultur hinein entäußert (Dombois nennt sie »Regionalgemeinde«), und die Kirche, die sich um ihres Herausgerufenseins willen absondert und damit ein notwendiges Gegengewicht herstellt. Diese Besonderung enthält in sich selbst eine Dynamik in Richtung Gemeinschaftsbildung. Ein erster Ansatz davon ist vielleicht bereits in der lukanischen Schilderung

---

2 Dazu besonders G. Wenzelmann, Nachfolge und Gemeinschaft. Eine theologische Grundlegung des kommunitären Lebens, Stuttgart 1994. Weitere Literatur bei Joest, Spiritualität (Anm. 1), 19, Anm. 6.

3 Dazu vor allem J. Halkenhäuser, Kirche und Kommunität. Ein Beitrag zur Geschichte und zum Auftrag der kommunitären Bewegung in den Kirchen der Reformation, Paderborn ²1985. Weiter Literatur bei Joest, Spiritualität (Anm. 1), 24f. Anm. 26 u. 27. Vgl. ferner: A. Lindner, Luthers Klosterkritik und die Berufung zum klösterlichen Leben heute, in: Schwanberg Brief 2/2005, 14–17.

4 H. Dombois, Das Recht der Gnade. Ökumenisches Kirchenrecht II, Bielefeld 1974, 39–40; vgl. ders., Das Recht der Gnade III, Bielefeld 1983, 219. Dombois gehörte der Evangelischen Michaelsbruderschaft an.

der Jerusalemer Urgemeinde zu finden. Allgemein wird angenommen, dass es sich dabei um ein Idealbild handelt, wobei die Idealisierung wahrscheinlich weniger in einer geschönten Überzeichnung liegt als vielmehr in der Darstellung nur *einer* Form von Gemeinde, neben der auch andere existierten. Das spätere Mönchtum hat sich jedenfalls wiederholt auf die Urkirche als Basis seiner Lebensform berufen, und das nicht nur zu Unrecht.[5]

Geschichtliche Vorläufer

Vielleicht ist der überzeugendste historische Beweis für diese Sicht der Dinge darin zu sehen, dass der Protestantismus seit dem Verschwinden des Mönchtums, und d. h. fast von Anfang an bis heute, von Bewegungen begleitet wurde, die zu wahren suchten, was durch die Einseitigkeit der Reformation verloren zu gehen drohte. Die Tragik dieser Strömungen bestand darin, dass sie fast immer in die Separation abglitten oder auch abgedrängt wurden, weil sie im Kampf gegen gewisse Engführungen oft zu entgegengesetzten Engführungen neigten, aber auch, weil die protestantischen Kirchen gegenüber ihren Anfragen taub waren.

Hier wäre z. B. der radikale Flügel des Pietismus zu nennen, der eine regelrechte Einsiedlerbewegung im Wittgensteiner Land hervorbrachte,[6] oder das einmalige Experiment Gerhard Tersteegens (1697–1769) mit der

---

5 Ch. Joest, Vom Ursprung des Mönchtums, in: Edith-Stein-Jahrbuch 8 (2002) 21–33.
6 E. Benz, Die protestantische Thebais. Zur Nachwirkung Makarios des Ägypters im Protestantismus des 17. und 18. Jahrhunderts in Europa und Amerika, Wiesbaden 1963, hier besonders 62–92.

»Pilgerhütte« auf Gut Otterbek, einer 1727 bei Velbert gegründeten kontemplativ ausgerichteten »Bruder-Gesellschaft«, für die Tersteegen eine eigene Regel schrieb.[7] Bekannter ist die etwa gleichzeitig entstandene »Erneuerte Brüder-Unität« der ehemaligen Böhmisch-mährischen Brüder auf dem Grund und Boden des Reichsgrafen Nikolaus Ludwig von Zinzendorf (1700–1760).[8] Auch wenn er nicht immer ganz radikale Konsequenzen zog, bemühte sich der kirchliche Pietismus um Philipp Jakob Spener (1635–1705) doch, in Anlehnung an Luthers dritte Weise, Gemeinde zu bauen, innerhalb der evangelischen Kirchen Gemeinschaften von solchen zu sammeln, »so mit Ernst Christen sein wollen«.[9] Dass solche Gemeinschaftsbildung noch im 19. Jahrhundert in Baden als »krankhafte Erscheinung« eingestuft und damit abgewiesen werden konnte,[10] zeigt die Härte der Auseinan-

---

7 Text bei W. Nigg (Hg.), Gerhard Tersteegen. Eine Auswahl aus seinen Schriften, Wuppertal 1967, 98–103.
8 E. Beyreuther, Geschichte des Pietismus, Stuttgart 1978, 61–122; G. Krüger, Lebensformen christlicher Gemeinschaften. Eine pädagogische Analyse, Heidelberg 1969, 29–43.66; M. Schmidt, Pietismus (Urban-TB 145), Stuttgart u.a. 1972, 93–108; allgemein s. H.-J. Wollstadt, Geordnetes Dienen in der christlichen Gemeinde, dargestellt an den Lebensformen der Herrnhuter Brüdergemeine und ihren Anfängen, Göttingen 1966; S. Hirzel, Der Graf und die Brüder. Die Geschichte einer Gemeinschaft, Neuausgabe Stuttgart 1980; P. Zimmerling, Nachfolge lernen. Zinzendorf und das Leben der Brüdergemeine, Moers 1990; E. Geiger, Nikolaus Ludwig von Zinzendorf. Seine Lebensgeschichte, Holzgerlingen 1999.
9 Luthers Werke in Auswahl, hg. v. O. Clemen, Bd. 3, Berlin [6]1966, 296–297.
10 Zitiert bei G. A. Benrath, Die Verbreitung und Entfaltung der Erweckungsbewegung in Baden 1840–1860. In: U. Wennemuth (Hg.), Mission und Diakonie, Kultur und Politik. Vereinswesen und Gemeinschaften in der evangelischen Kirche in Baden im

dersetzung. Hier kam es allerdings nicht zur Formierung eines gemeinsamen Lebens und also auch nicht zur Bildung von Kommunitäten.

J. H. Wichern, der Ordensgedanke und die Diakonissenhäuser

Einen sehr deutlichen Schritt in diese Richtung stellten aber die Diakonissenhäuser dar, die ab dem zweiten Viertel des 19. Jahrhunderts überall in Deutschland entstanden. Hier waren es vor allem Johann Hinrich Wichern (1808–1891) und Wilhelm Löhe (1802–1872), die explizit den bruderschaftlich-monastischen Gedanken aufgriffen. Gemessen an dem für sie zu ihrer Zeit erreichbaren Ergebnis, ging es dabei um »ein schlichtes Christentum der Tat«, dem es aber keineswegs »an einer tieferen theologischen Idee« gefehlt hatte.[11] Wichern wollte anfangs ausdrücklich den Wert der Orden, »die nicht ein Institut der römischen Kirche, sondern der wahren katholischen Kirche« sind, wiedergewinnen. Nach einem Besuch der Herrnhuter Kolonie in Neuwied gewann er seinen eigenen Worten zufolge einen Eindruck davon, wie »unsere protestantischen Klöster« aussehen müssten.[12] Sein Vorschlag für die preußische Gefängnisreform beruhte auf der Vorstellung einer ordensmäßig verfassten »Brüder-

---

19. Jahrhundert, Karlsruhe 2004, 1–71, hier: 7 Anm. 21, vgl. auch ebd. 30.

11 So irrtümlich F. Wulf, Die Stellung des Protestantismus zu Aszese und Mönchtum in Geschichte und Gegenwart, GuL 27 (1954) 21–34, hier: 26, der im Übrigen die Entwicklungen innerhalb des Protestantismus sehr positiv referiert.

12 Zitate bei M. Gerhardt, Johann Hinrich Wichern. Ein Lebensbild, 3 Bde., Hamburg 1927–1931, hier: Bd. 2, 285 u. 286.

schaft« von zölibatären Männern, die ganz frei für ihre seelsorgerlichen und karitativen Aufgaben an den Gefangenen wären. Darüber hatte das preußische Abgeordnetenhaus abzustimmen.[13] Es kam zu einer vernichtenden Niederlage Wicherns, weil die Vorstellung »Die Brüderschaft des Rauhen Hauses, ein protestantischer Orden im Staatsdienst«[14] wie ein Schreckgespenst vor den Abgeordneten stand. So musste Wichern schließlich erkennen, dass »bei einer Synthese von Ordenserneuerung und karitativer Arbeit die Vorordnung der Caritas vor dem ›Ordo‹ das Mögliche und Gebotene war«.[15] Für die männliche Diakonie blieb damals nur die Form einer »Bruderschaft« mit gewissen Verbindlichkeiten, aber ohne Zölibat und *vita communis*.

In den Diakonissenhäusern waren es zuerst die Frauen, die einem solchen Ideal näher kamen. Neben den Neuendettelsauer Diakonissen, die auf Wilhelm Löhe zurückgehen, sind hier vor allem die Werke Theodor Fliedners (1800–1864) in Kaiserswerth und Friedrich v. Bodelschwinghs (1831–1910) in Bethel bei Bielefeld zu nennen. Dass die Diakonissenhäuser leichter zu akzeptieren waren als entsprechende kommunitäre Lebensformen für Männer, mag daran liegen, dass sie das Problem der unverheirateten und unausgebildeten Frauen zu lösen versprachen. Die Häuser als solche wurden in Kirche und Gesellschaft wegen ihrer »Werke« geschätzt, sie rechtfertigten sich durch ihren Dienst; die Lebensform erschien als hilfreich für die ledigen Frauen, kam aber als ein christlicher Lebensstil mit eigenem Wert nicht in den

---

13 Gerhardt, Johann Hinrich Wichern (Anm. 12), Bd. 3, 224–264.
14 So der Titel einer polemischen Schrift gegen Wichern, vgl. Gerhardt a.a.O., 234.
15 Halkenhäuser, Kirche und Kommunität (Anm. 3), 155.

Blick. Darin liegt die anfängliche Polemik der später entstandenen evangelischen Kommunitäten gegen die Diakonissenäuser begründet, die aber häufig die ursprüngliche Intention der Gründer verkannte. Heute bemühen sich manche Diakonissenhäuser wieder vermehrt um die Stärkung kommunitären geistlichen Lebens unter ihren Schwestern und gehen damit zurück zu ihren Wurzeln.[16]

Neuaufbrüche im 20. Jahrhundert

Das 20. Jahrhundert hat in bisher ungekanntem Ausmaß und in großer Vielfalt neues, transparochial strukturiertes verbindliches geistliches Leben entstehen sehen, und zwar in drei Wellen. Parallel dazu und sich teilweise damit überschneidend verlief die Wirksamkeit des Schweizerischen Diakonievereins und des daraus indirekt erwachsenen Oekumenischen Christusdienstes.

Das Wirken des Schweizerischen Diakonievereins

Seit 1899 wirkten im Auftrag des Baseler Diakonenhauses Jakob Schelker (1868–1954) und Gottlieb Haug (1875–1951) in Zürich und erkannten bald, dass nicht nur der Leib kranker Menschen der Diakonie bedurfte, sondern

---

16 Das zeigt sich z. B. in der Mitarbeit der Riehener Diakonissen (Riehen bei Basel) in der Konferenz Evangelischer Kommunitäten (KevK) und dem Internationalen und Interkonfessionellen Kongress für Ordensleute (CIIR) oder in der Vertretung des Kaiserswerther Verbandes durch Dr. Lanz in der Arbeitsgruppe der EKD über Kommunitäten und Geistliche Gemeinschaften (2004–2006); auch die Tatsache, dass die jetzige Oberin der Rüpurrer Diakonissen (Karlsruhe), Sr. Inge Rinkel, auf Wunsch ihrer damaligen Oberin 1977/1978 ein Jahr bei der Jesus-Bruderschaft in Gnadenthal verbracht hatte, spricht hier für sich.

noch viel mehr der »kranke« Leib Christi. Von einer in sich zertrennten und aufgespaltenen Christenheit und von sich gegenseitig bekämpfenden und verurteilenden Kirchentümern kann nicht die heilende Kraft ausgehen, die eine in ihrem sozialen und religiösen Gefüge krank gewordene Menschheit braucht.[17]

Dass dem zölibatären Menschen hier ein eigener Auftrag erwächst, wurde den beiden Diakonen sehr bald bewusst, und so bildete sich um Bruder Haug ein Kreis lediger Brüder, der sich 1905 zur »Bruderschaft vom gemeinsamen« Leben (v.g.L.) zusammenschloss. Mit diesem Namen wurde bewusst an die Tradition der vorreformatorischen Bewegung um Geert Groote (1340–1384) angeknüpft, deren bekanntester Vertreter Thomas von Kempen war, Autor der »Nachfolge Christi«.[18] Das hieß u. a. auch, dass sie wie die Brüder des Mittelalters[19] in freiwilliger Verpflichtung nach den »Evangelischen Räten« lebten, ohne ein formelles Gelübde abzulegen. Schon im Jahr zuvor war eine Schwesternschaft entstanden, und ebenfalls 1905 formierte sich die »Geschwister-

---

17 Hier und zum Folgenden: K. Heß, Die Bruderschaft vom gemeinsamen Leben, in: L. Präger (Hg.), Frei für Gott und die Menschen. Evangelische Bruder- und Schwesternschaften der Gegenwart in Selbstdarstellungen, Stuttgart 1959 (²1965), 55–68; Der Schweizerische Diakonieverein. Sein Werden und Wachsen und sein apostolischer Auftrag, hg. v. Schweizerischen Diakonieverein zum 50. Jahrestag seines Bestehens, 1906–1956, o.O. u. J.

18 In: Vereinigung vom gemeinsamen Leben im Oekumenischen Christusdienst, Generalkapitel 1978 auf dem Hesselberg, o.O. u. J. (als Manuskript gedruckt), werden diese Zusammenhänge ausführlich beleuchtet.

19 Deren Fortbestand z.B. in Herford Luther ausdrücklich bejaht hatte, vgl. Halkenhäuser, Kirche und Kommunität (Anm. 3), 64–67.

schaft v.g.L.«, d. h. eine Gemeinschaft Verheirateter, der dann auch Br. Schelker mit seiner Frau angehörte. 1906 schlossen sich die drei Zweige zur »Körperschaft v.g.L.« zusammen und gründeten als rechtliche Basis für ihren »umfassenden Dienst nach allen Lebensrichtungen hin«[20] 1908 den Schweizerischen Diakonieverein.

Bruder Haug war der Überzeugung, dass die Herausbildung echten brüderlichen Dienstes der Christen untereinander und der Kirchen aneinander um der *einen* Kirche willen im Zeichen der Fußwaschung Christi der jetzt anstehende Schritt in der Heilsökonomie Gottes sei. Es ging ihm dabei nicht um kommunitäres Leben als solches, und die Worte »Bruder« und »Schwester« bezeichneten für ihn nicht Angehörige einer bestimmten Gemeinschaft, sondern vielmehr eine innere Haltung allen Christen und Kirchen gegenüber. Er hat sich diese »Bruder-Existenz« allerdings nicht harmonisierend und alle Spannungen auflösend gedacht, sondern im Gegenteil als demütig und tragfähig genug, Spannungen und Konflikte auszuhalten und durchzutragen. Seine Vision beinhaltete – mehr als ein halbes Jahrhundert vor dem Zweiten Vatikanischen Konzil – eine umfassende, alle Lebensbereiche der Kirche berührende, ganz eigene Art von Communio-Ekklesiologie.[21]

---

20 Heß, Bruderschaft vom gemeinsamen Leben (Anm. 17), 60.
21 Eine kurze Zusammenfassung in: Joest, Spiritualität (Anm. 1), 48f.; ausführlicher: M. Heinz, Christus im Miteinander. Einführung in den Aufbau der ökumenischen Kapelle des Schweizerischen Diakonievereins, Rüschlikon-Nidelbad 1971; Heß, Bruderschaft vom gemeinsamen Leben (Anm. 17), 62f.; ders., Die vier Lebensbereiche des Werkes und die Dreieinigkeit Gottes, sammlung-dienst-sendung 53/1 (1977) 15–22; J. Junger, Auf dem Weg zum Reiche Gottes, sammlung-dienst-sendung 69/3 (1993) 1–24.

Seit 1923 wurden durch Bruder Eugen Belz (1900–1987) diese Gedanken nach Deutschland getragen. Ein weiterer Bruder schloss sich ihm an, bald auch einige Schwestern und Familien. Dem Druck des Nationalsozialismus ausweichend, gelangten die Brüder 1937 nach Holland, um von dort erst Mitte der vierziger Jahre zurückzukehren.

Noch während des Krieges sammelte sich heimlich ein kleiner Kreis von Menschen, um angesichts der drohenden Katastrophe über die Situation der Kirche und des deutschen Volkes nachzudenken und zu beten. Den Anstoß dazu gaben zwei Männer aus der Geschwisterschaft v.g.L., Pfarrer Klaus Heß (1907– 1987) und Pfarrer Otto Siegfried von Bibra (1914–1993), dazu der Superintendent der Methodistenkirche, Paul Riedinger (1882–1949), der nachmalige geistliche Vater der Evangelischen Marienschwesternschaft. Gleich nach dem Krieg stieß dann noch Br. Eugen, aus Holland zurückgekehrt, zu diesem Kreis hinzu, der sich »Oekumenischer Christusdienst« nannte und damit das ursprüngliche Anliegen von Bruder Haug zum Ausdruck brachte. Ferner gehörte auch das Pfarrehepaar Hümmer zu diesem Kreis, das wenige Jahre später zu den Gründern der Christusbruderschaft in Schwarzenbach/Saale, später in Selbitz, werden sollte. Kurzzeitig waren ebenfalls die beiden Mütter der 1947 entstehenden Evangelischen (damals noch: Oekumenischen) Marienschwesternschaft aus Darmstadt dabei[22].

An dieser Stelle überschneiden sich die zwei Linien,

---

22 Vgl. F. Francke, 30 Jahre Oekumenischer Christusdienst. Rückblick und Ausblick. Vortrag bei der Feriengemeinschaft in Badenweiler vom 7. bis 21. September 1978, abgedruckt in: Joest, Spiritualität (Anm. 1), 407–416; E. Belz/O. S. v. Bibra/K. Heß/P. Riedinger (Hg.), Oekumenischer Christusdienst, Wüstenroth/Württ. 1948.

von denen oben die Rede war, die vom Schweizerischen Diakonieverein herkommende und die andere, in drei Wellen verlaufende, die sich in Deutschland seit dem Ersten Weltkrieg bemerkbar machte. Wir springen daher noch einmal zurück, um auch diese Bewegung in unsere Betrachtung hereinzuholen.

Die drei »Wellen« des transparochialen verbindlichen geistlichen Lebens

Neues, transparochial strukturiertes verbindliches geistliches Leben in den Kirchen der Reformation musste sich erst einen Platz erkämpfen, bevor es Anerkennung finden konnte. Es zeigte sich anfänglich in einer »bruderschaftlichen Welle« (zwischen den Weltkriegen), d. h. im Entstehen von lockeren Zusammenschlüssen ohne Zölibat und *vita communis*. Die zweite »Welle« könnte man die »ordensmäßig-kommunitäre« nennen, als zwischen 1945 und 1965 zahlreiche Gemeinschaften zölibatär lebender Männer und/oder Frauen mit *vita communis* entstanden. Ab 1968 lässt sich die dritte »Welle« beobachten, nämlich die der gemischten Wohngemeinschaften und Familienkommunitäten. Die zeitliche Einordnung dieser Wahrnehmungen ist natürlich kein Zufall. Vielmehr entspricht das aufbrechende neue geistliche Leben in Zustimmung und Auseinandersetzung den jeweiligen sozio-politischen Strömungen seiner Zeit.

Die »Welle« der Bruder- und Schwesternschaften

1918 entstanden durch Friedrich Heiler (1892–1967) die »Hochkirchliche Vereinigung«, später die »Evangelischen Franziskaner-Tertiaren« (1927) und die »Evangelisch-

Katholische Eucharistische Gemeinschaft« (1929).[23] Andere Gründungen waren die Bahnauer Bruderschaft (1906), die Pfarrer-Gebets-Bruderschaft (1913), die Sydower Bruderschaft (1922/23), der Evangelische Humiliaten-Orden (1921/25) und die Heliand-Bruderschaft (1923/38). Die Glieder dieser Zusammenschlüsse blieben an ihrem Ort in Familie und Gesellschaft, stellten sich aber häufig unter eine gemeinsame geistliche Lebensregel und gewisse Verbindlichkeiten wie z.B. tägliche Fürbitte füreinander, Beteiligung am Leben der Ortsgemeinde, Inanspruchnahme geistlicher Begleitung, Teilnahme an jährlichen Konventen.

Hintergrund dieser Gründungen dürften die vielfältigen Aufbrüche der jungen Generation sein. Zu Anfang des 20. Jahrhuntert, noch vor dem Ersten Weltkrieg, war die sogenannte Wandervogelbewegung entstanden. Junge Leute brachen in Scharen aus den gesellschaftlichen Konventionen aus und suchten in der freien Natur nach echter und unverstellter Erfahrung des Lebens. Die Suche nach Ursprünglichkeit und Echtheit war letztlich eine Suche nach sich selbst. Es war die Sehnsucht nach wahrhaftiger Lebensgestaltung, nach authentischer Gemeinschaft, es war die Erkenntnis, dass die Körperlichkeit des Menschen seiner geistigen Existenz untrennbar zugehört. Es wurde gewandert, Sport getrieben, unter freiem Himmel genächtigt, am Lagerfeuer gesungen. Das alles war zugleich Ausdruck der jungen Generation, die für sich das Recht beanspruchte, eigene, authentische Lebensformen zu finden, jenseits von Fremdbestimmung

---

23 H. Hartog, Evangelische Katholizität. Weg und Vision Friedrich Heilers. Mit einem Nachwort von Theodor Schneider, Mainz 1995.

und Konvention. Diese Jugendbewegung war ein Sammelbecken für freisinnige und schöngeistige Elemente, für religiös Suchende, die z.T. damals schon ins Esoterische abgleiten konnten, aber auch für bewusste Christen, die ihrerseits nach authentischer Glaubenserfahrung und echter Glaubensgemeinschaft außerhalb der – so meinten sie – verstaubten und verknöcherten kirchlichen Konventionen suchten.[24]

Unter den jugendbewegten jungen Menschen waren auch Christel Schmid (1892–1970), die Gründerin der Communität Casteller Ring und Leiterin in der Christlichen Pfadfinderschaft,[25] Olav Hanssen (1915–2005), der spätere Gründer und Leiter der Gethsemane-Bruderschaft, der damals Jugendarbeit in Hannover betrieb,[26] Otto Riecker (1896–1989), nachmals Gründer der Kommunität Adelshofen, zu der Zeit noch religiös heimatlos und suchend,[27] Dr. Klara Schlink (1904–2001) und Erika Madauss (1904–1999),[28] später als Mutter Basilea und Mutter Martyria Leiterinnen der Evangelischen Marien-

---

24 Zum Ganzen vgl. die einschlägigen Artikel von U. Herrmann/U. Schwab/W. Tzscheetzsch in RGG⁴ 4, 658–664, und A. Klönne in TRE XVII, 423–426.

25 K. K. Schridde, Skizzen zum Leben von Christel Felizitas Schmid, Münsterschwarzach 2003, 10–15.

26 H.-G. Kelterborn, Evangelische Jugendarbeit im Wandel. Eine historische Felduntersuchung zum Erziehungsverständnis der verbandlichen, landeskirchlichen und freien Jugendarbeit in Niedersachsen 1945–1980, Göttingen 1981, 158–161; S. Schubert (Hg.), Einer nach dem anderen. Eine Dokumentation über die männliche evangelische Jugendarbeit und das Wirken Olav Hanssens usw., o. O. u. J. (1986), 4–5.

27 O. Riecker, Mit 60 fing mein Leben an, Neuhausen-Stuttgart 1977, 48–52.

28 M. B. Schlink, Wie ich Gott erlebte. Sein Weg mit mir durch sieben Jahrzehnte, Darmstadt ³1980, 81–222.

schwesternschaft in Darmstadt-Eberstadt. Insofern ist die erste »Welle« buchstäblich von grundlegender Bedeutung für die zweite der evangelischen Orden und Kommunitäten.

Anfang der zwanziger Jahre trafen auf dem Rittergut Berneuchen Freunde zusammen, um darüber zu beraten und zu beten, wie Christus dem Geist der Jugendbewegung Sinn geben könnte, denn schon damals war deutlich zu erkennen, dass die Jugend anderen Herren zum Opfer fallen würde, wenn sie nicht in Christus gegründet war.[29] Mit dem »Berneuchener Buch« ist dieser Kreis 1926 an die Öffentlichkeit getreten, um den »Anspruch des Evangeliums auf die Kirchen der Reformation« (so der Untertitel) geltend zu machen.[30] Durch das Wirken von Prof. Wilhelm Stählin, Pfr. Karl Bernhard Ritter u. a. entstand 1931 in Marburg die Evangelische Michaelsbruderschaft, die nach dem Krieg großen Einfluss auf die Agendenreform der evangelischen Kirche, die Neuordnung des Kirchenjahres (Wochensprüche, Themen der Sonntage) und die Gestaltung des neuen Gesangbuches hatte. Im Kontakt mit ihr entstanden der Ordo Pacis (1953/56), die Ansverusbruderschaft in und um Hamburg (1955/61) und in Berlin die St.-Gabriels-Gilde (1958).

Die zuletzt genannten Gründungen zeigen, dass der Phänotyp der Bruder- bzw. Schwesternschaft mit dem Ende des Krieges nicht verschwunden ist. Im Gegenteil kamen dem Ordo Pacis und dem Irenenring (1946/47 durch L. Präger gegründet) spezifische Aufgaben an den

---

29 O. Planck, Die Evangelische Michaelsbruderschaft, in: Präger, Frei für Gott und die Menschen (Anm. 17), 283–310, hier: 284–295.
30 Unveränderter Nachdruck bei der Wissenschaftlichen Buchgesellschaft, Darmstadt 1978.

alleinstehenden Frauen zu, deren Männer im Krieg geblieben waren und die sich nun mit ihrer Familie auf sich gestellt fanden. Dass der Ordo Pacis aber mit der »Cella St. Hildegard« eine kontemplative klösterliche Frauengemeinschaft als Kristallisationspunkt in seiner Mitte errichtete, die bis 2004 bestand,[31] weist bereits hinüber auf die »zweite Welle«, die ordensmäßig-kommunitäre.

Die »Welle« der evangelischen Orden und Kommunitäten

An dieser Stelle verknoten sich die beiden parallel laufenden Linien. Wie schon erwähnt, waren die Hümmers auch an den Treffen des Oekumenischen Christusdienstes beteiligt, ebenso kurzfristig die Mütter der Marienschwesternschaft. Christel Schmid hatte flüchtigen Kontakt mit Pfr. Klaus Heß, doch ist daraus keine tiefere geistliche Befruchtung geworden.

Die geistige Barbarei des Nationalsozialismus und die Schrecken des Zweiten Weltkriegs haben im Hinblick auf die Entstehung evangelischen Ordenslebens katalysatorische Wirkung gehabt. Olav Hanssen ist Recht zu geben, wenn er schreibt:

> »Sechs Jahre Soldat. Höhepunkt die Schlacht um Stalingrad und später die Gefangenschaft in Russland. Es war ein Krieg, der sich ideologisch als Auseinandersetzung zwischen zwei säkularisierten Heilsbewegungen verstand, dem Faschismus und dem Kommunismus. Ich habe diesen

---

31 Das Haus in Fleestedt (bei Hamburg-Harburg) wird als Retraite-Haus weitergeführt, aber es gibt kein gemeinsames Leben in der kommunitären Form mehr (Mitteilungsblatt des Ordo Pacis von Oktober 2005).

Krieg als einen tiefen Einblick in die menschlichen Abgründe erlebt. Die zerstörerischen Kräfte, die sich dort entfesselten, waren etwas mehr als gedankliche Fehlleistungen menschlichen, autonomen Denkens. [...] *Mir scheint, dass die gegenwärtige evangelische kommunitäre Bruderschaftsbewegung ohne eine solche Kriegserfahrung als ›tödliche‹ Krise des Säkularismus geistesgeschichtlich überhaupt nicht verstehbar ist.* Es ist keine nostalgische Rückbesinnung auf eine mittelalterliche Mönchsidylle, die es natürlich nie gegeben hat, auch keine Flucht aus der Welt, sondern in ihr kündet sich eine postsäkulare Geistigkeit und Zukunft an, die sich der Herausforderung des Säkularismus stellt.«[32]

Schon das Experiment gemeinsamen Lebens von Dietrich Bonhoeffer mit Vikaren der Bekennenden Kirche in Finkenwalde 1935–1937 gehört hierher. Dieselben Erfahrungen, die O. Hanssen beschreibt, trieben, wie bereits gezeigt, den Kreis des Oekumenischen Christusdienstes in Egloffstein zusammen.

Aus dieser losen Gesinnungsgemeinschaft gingen Ende der fünfziger Jahre die Sammlung der Kreuzbruderschaft durch Pfr. Ernst Gleede und die Lehrerbruderschaft von Dieter Fürst hervor, die dann beide miteinander verschmolzen; phänotypisch gehören sie zu den vorher beschriebenen Bruderschaften. In direktem Zusammenhang mit der Bruderschaft v. g. L. steht aber die Gründung der Christusträger Brüder und Schwestern, zwei ordensmäßig strukturierte Gemeinschaften mit starken missionarischen Impulsen im In- und Ausland. –

---

32 O. Hanssen, Gethsemane – eine grundsätzliche Besinnung, in: Evangelisches Gethsemanekloster. Brief für Freunde, Frühjahr 2005, 15–24, hier: 18f. (Hervorhebung von mir).

1961 hatten die ersten Brüder der Jesus-Bruderschaft Kontakt mit Walter Hümmer (1909–1972) in Selbitz und Br. Eugen Belz in Stuttgart-Weilimdorf; die Eheleute Bangel, deren Haus zur ersten Heimat des Schwesternzweiges der Jesus-Bruderschaft werden sollte, standen Anfang der sechziger Jahre in Austausch mit Pfr. Klaus Heß und später mit den Müttern der Marienschwestern in Darmstadt – ein Beispiel, wie die Impulse des Oekumenischen Christusdienstes direkt oder indirekt auch später noch weiter wirkten.

Um uns die Kraft dieses Aufbruchs zu verdeutlichen, genügt es, die damals entstandenen ordensähnlichen evangelischen Kommunitäten aufzulisten: die Evangelische Marienschwesternschaft (1947), die Communauté de Taizé (1949), die Christusbruderschaft (1949), die Communität Casteller Ring (1950), die Kommunität Imshausen (1955), der St.-Johannis-Konvent v.g.L. (1955), die Cella St. Hildegard des Ordo Pacis (1956), die Christusträger (1960), die Jesus-Bruderschaft (1961/64), die Kommunität Adelshofen (1962), der Gethsemanekreis (1962/75/79), seit 1992 als Evangelisches Gethsemanekloster in Riechenberg bei Goslar. Später kamen noch hinzu: die Kommunität »Jesu Weg« (1973), die Evangelische Lukas-Communität (1974), der Evangelische Schwesternkonvent »Lumen Christi« (1976), die Schwesternschaft »Trinitatisring« (1972/77) und das Priorat St. Wigberti (1966/87). Aufgrund seiner Struktur weist der 1959 entstandene Laurentius-Konvent schon voraus auf die »dritte Welle« der kommunitären Familiengemeinschaften.

Die »Welle« der gemischten Gemeinschaften und Familienkommunitäten

Mitte und Ende der sechziger Jahre war eine unruhige Zeit. Es gärte in Deutschland und in aller Welt, besonders unter jüngeren Menschen. Viele wollten mit dem bisherigen Lebensstil brechen, wollten nicht mehr eine bürgerliche Existenz aufbauen, sondern zu neuen Ufern aufbrechen. Man spürte das Ungenügen der alten Leitbilder, das gefährliche Spiel mit dem »Kalten Krieg«, die atomare Bedrohung.

1968 war nicht nur für Politik und Öffentlichkeit, sondern auch für die Kommunitäten ein »Schwellenjahr«.[33] Es herrschte Aufbruchstimmung unter jungen Menschen. Die Jesus-People machten von sich reden, ein neuer Musikstil kam auf und damit eine neue Art zu beten und Gottesdienst zu feiern (»Lobpreis«, »Anbetung«). Es wurde mit gemeinsamem Leben in Form der Kommunen experimentiert. Junge Paare brachen aus den vorgeschrieben traditionellen Bahnen aus und verweigerten den Aufbau einer »normalen« Existenz. Auch junge Christen wurden davon erfasst, die auf der Suche nach radikaler Nachfolge Christi waren. Das Wort »bürgerlich« war, ob zu Recht oder Unrecht, Inbegriff des »Etablierten«, des Gesetzten, des Halbherzigen, dessen, was man unter keinen Umständen wollte. Dass Familien bei der Jesus-Bruderschaft gerade jetzt den Schritt in das Experiment radikalen gemeinsamen Le-

---

33 Der Ausdruck stammt von Br. Walter Pollmer, Kreuzbruderschaft, aus dem Ökumenischen Lebenszentrum Ottmaring; er gebrauchte ihn in einem persönlichen Interview des Verfassers, der ihn als Zeitzeugen der hier zu schildernden Vorgänge am 27. Juni. 1991 befragte.

bens machten, wurde durch diese geistige Atmosphäre begünstigt.

Der Mannheimer CVJM-Sekretär Horst-Klaus Hofmann (1928–2021) nahm die Parolen der Studenten auf und proklamierte die »Revolution«, die durch den Glauben an Jesus Christus im Herzen der Menschen geschieht und dann zum Aufbau einer gerechteren Welt führt, jedenfalls zeichenhaft. Er machte auch sofort Ernst damit und gründete mit Gesinnungsgenossen die Großfamilie der Offensive Junger Christen (OJC) in Bensheim/Bergstraße, später Reichelsheim im Odenwald.[34]

In demselben Jahr entstand das Ökumenische Lebenszentrum Ottmaring, das von verheirateten und zölibatären Geschwistern der evangelischen Kreuzbruderschaft, der Körperschaft v. g. L. (Pfr. Klaus Heß!) und der katholischen Bewegung der Fokolare gemeinsam belebt und gestaltet wird.[35] – Ebenfalls in demselben Jahr wurde das Lebenszentrum für die Einheit der Christen auf Schloss Craheim gegründet, das von Pfr. Arnold Bittlinger (ev.), P. Eugen Mederlet OFM (kath.) und W. Becker (freikirchl.) getragen wurde. Bezeichnend für den hier entstehenden neuen Phänotyp ist die Tatsache, dass die Hausmannschaft von Craheim aus Familien, Ordensleuten und einer kleinen Schwesterngemeinschaft bestand, der oben erwähnten Kommunität »Jesu Weg«.

In rascher Folge entstanden nun ähnliche größere oder kleinere Wohngruppen und geistliche Gemeinschaften: die Communität Simonshofen (1970), die

---

34 I. Hofmann, Kein Tag wie jeder andere. Tagebuch aus zehn Jahren einer Bensheimer Großfamilie, Wuppertal 1978, 8–21.

35 P. Meinhold, Außenseiter in den Kirchen. Was wollen die modernen Erneuerungsbewegungen? Ein Bericht über Organisation und Zielsetzung, Freiburg u. a. 1977, 66–71.

Communio Christi (1972), die Christliche Wohngemeinschaft Küppershof (1972–1984), die Basisgemeinde Wulfshagener Hütten (1973), die Communität der Koinonia (1962/76), die Communität Lindenhof (1979), die Familiengemeinschaft der Kommunität Adelshofen (1978/80), der Christus-Treff mit Jesus-Gemeinschaft in Marburg (1981/83),[36] die Communitas ex Christo (1988), die Familienkommunität »Siloah« in Neufrankenroda (1990), die Emmaus-Lebensgemeinschaft Hersbruck (1992), der Nehemiahof in Ludwigsfelde (1999) und viele andere mehr.

Exkurs: Die Jesus-Bruderschaft als eine alle drei »Wellen« überbrückende Gemeinschaft

Aufgrund ihrer besonderen Geschichte umfasste die Jesus-Bruderschaft – jedenfalls phasenweise – alle Phänotypen jener drei »Wellen« zu gleicher Zeit. Das Folgende kann natürlich keine vollständige Darstellung der Geschichte, des Auftrags und der inneren wie räumlichen Entwicklung dieser Gemeinschaft sein.[37] Das Interesse liegt vielmehr auf dem Mit- und Nebeneinander von Bruderschaft, Orden und Familienkommunität.

---

36 R. Werner (Hg.), Die Christus-Treff Story, Neukirchen-Vluyn 2002.

37 Am bekanntesten ist die Kommunität der Jesus-Bruderschaft im Kloster Volkenroda (bei Mühlhausen, Thüringen), weil dorthin der Christuspavillon der EXPO 2000 in Hannover versetzt wurde; ferner gibt es neben Gnadenthal (Hessen) auch Geschwister in Hennersdorf (nahe Chemnitz, Sachsen) und in Latrun/Israel; in Makak/Kamerun hat sich seit 2001 eine einheimische »Weggemeinschaft« gebildet, die nach dem Abzug der deutschen Geschwister den Auftrag der Jesus-Bruderschaft weiterträgt.

Die Vorgeschichte der Jesus-Bruderschaft reicht bis in die fünfziger Jahre des letzten Jahrhundert zurück.[38] Ein Kreis junger Menschen aus Ost- und Westdeutschland traf sich immer wieder und gab Zeugnis von Jesus Christus. Man unternahm Wanderungen im Harz, man veranstaltete Jugendfreizeiten oder Gemeindewochen »unter dem Wort« (zwischen 1956 und 1959 mindestens einmal jährlich), man sang zur Gitarre, bald auch eigene Lieder – es mutet an wie ein Nachklang der Jugendbewegung. Bald kam die Frage nach mehr Verbindlichkeit und Zusammenhalt auf, zumal die Zonengrenze immer wieder die einschneidende Trennung der Gruppenmitglieder erzwang. Es entstand der Gedanke eines »Gebetsringes«, einer inneren Verbindung der Einzelnen durch das Gebet füreinander, aber auch durch den gemeinsam empfundenen Gebetsauftrag für die Verkündiger des Evangeliums im In- und Ausland. Zum äußeren Zeichen dieser Verbundenheit gaben sich die Mitglieder einen goldenen Fingerring, auf dessen Außenseite eine Dornenkrone eingraviert war und dessen Innenseite die Bibelstellenangabe »Kol 3,23+24« trug.[39] Damit war eine lose Bruder- und Schwesternschaft entstanden, ohne gemeinsames Leben, aber mit einer alle verpflichtenden Verbindlichkeit, wie es oben für die »erste Welle« beschrieben wurde.

---

38 Die folgenden Angaben beruhen auf der Auswertung eines privaten Archivs.

39 Die Verse: »Alles, was ihr tut, das tut von Herzen als dem Herrn und nicht den Menschen, weil ihr wisst, dass ihr vom Herrn zum Lohn das Erbe empfangen werdet; dem Herrn Christus dienet!«, spielen in der Jesus-Bruderschaft bis heute beim Abschluss des Morgengottesdienstes als Sendungswort eine Rolle, vgl. Tageszeitgebete der Jesus-Bruderschaft, Hünfelden 2021, 26. – Den Fingerring tragen die zölibatären Brüder und Schwestern der Jesus-Bruderschaft bis heute.

Dieser Gebetsring verstand sich als Kraftquelle und Heimat-Etappe für Evangelisten und Missionare, einerseits durch das Gebet und den Austausch von Gebetsanliegen, andererseits suchte man auch nach Möglichkeiten, erholungsbedürftigen Verkündigern Gelegenheiten zur Einkehr und zum »Auftanken« zu bieten. Dazu wurde früher oder später ein eigenes Haus mit einer bleibenden Präsenz wenigstens einiger der Gruppenmitglieder nötig.

Die Entwicklung schien, nicht ohne Konflikte, in eine neue Phase zu treten, als am 13. August 1961 durch den Bau der Mauer in Berlin alle Pläne wie eine Seifenblase zerplatzten. Das warf nicht nur die Frage auf, wie es jetzt weitergehen sollte, sondern ließ auch fragen, wie Gott eine solche Entwicklung zulassen konnte, wenn er selbst eine Gruppe von Menschen zur inneren Einheit geführt hatte, die jetzt durch äußere politische Ereignisse zerrissen war. Zunächst schienen alle Pläne gescheitert. Dann traf einer der Brüder eines Tages bei einem anderen ein und erklärte, er habe seinen Beruf aufgegeben. »Hier bin ich, lass uns anfangen!« Das Haus, das sie in Aussicht hatten, stand in Hamswehrum in Ostfriesland, nicht weit von der Nordsee. Am 21. Oktober 1961 zogen sie ein und begannen das gemeinsame Leben als zölibatäre Brüder: der zweite Typ des geistlichen Lebens, der ordensmäßige, begann sich zu bilden, obwohl in der Jesus-Bruderschaft noch lange eine Aversion gegen »das Klösterliche« zu spüren war. Der Phänotyp wurde zwar geschaffen und ausgebaut, aber das Bewusstsein hielt damit nicht Schritt. Die Verbindung zu den alten Freunden wurde dabei allerdings auch immer aufrechterhalten.

Für ihr Leben stand ihnen das Vorbild der Jerusalemer Urgemeinde vor Augen. Bonhoeffers Buch »Gemeinsames Leben«[40] spielte eine wichtige Rolle. In der Folge experimentierten sie mit eigenen Stundengebeten, wobei sie vieles von anderen Kommunitäten übernahmen, übten das Psalmengebet und entwickelten eine eigene, in etwa den Jesuiten abgeschaute gemeinsame Tracht und ein weißes Chorgewand für die Feier des heiligen Abendmahls. In dieser frühen Zeit hatten sie auch Kontakte zu Walter Hümmer in Selbitz und zu Br. Eugen Belz in Stuttgart-Weilimdorf. Da die beiden Brüder aus der reformierten Kirche stammten, hatten sie wenig Erfahrung auf dem Gebiet des gestalteten Ordenslebens und suchten Anleitung und Hilfestellung bei anderen, ähnlich strukturierten Gruppen.

Für ihre Gemeinschaft gaben sie sich zunächst den Namen »Oekumenische Christus-Bruderschaft«. Mit dem ersten Teil des Namens wollten sie ihre Ausrichtung auf die Einheit des Leibes Christi ebenso ausdrücken wie den Unterschied zu der bereits bestehenden lutherischen Christusbruderschaft in Selbitz. Dennoch war die Wahl äußerst ungeschickt. Ihr väterlich-seelsorgerlicher Freund Otto Siegfried von Bibra aus der Geschwisterschaft v.g.L. sprach es ihnen schließlich zu: »Ihr seid Jesus-Bruderschaft!« Dabei ist es geblieben.[41]

---

40 D. Bonhoeffer, Gemeinsames Leben, München ²⁵1997. Bonhoeffer fasste darin seine Erfahrungen im Predigerseminar der Bekennenden Kirche in Finkenwalde zusammen und verarbeitete dabei auch ältere kirchliche Traditionen, ohne sie der Abfassungsumstände wegen (er rechnete wohl jederzeit mit seiner Verhaftung) genauer angeben zu können.

41 Die einseitige Betonung eines einzigen Geschlechtes in diesem Namen fiel damals noch niemandem auf. Das Problembewusstsein für solche Bezeichnungen entstand in Deutschland erst

Nach zwei Jahren wurde den beiden Brüdern das Haus gekündigt, weil die Erben ihre Ansprüche darauf geltend machten. Sie nahmen das zum Anlass, »mitten in der Welt« eine neue Bleibe zu finden, um den Menschen unserer Tage in ihrem eigenen Lebensumfeld nahe zu sein. Durch Vermittlung von Arnold Bittlinger (*1928), damals Leiter des volksmissionarischen Amtes der pfälzischen Landeskirche, kamen sie nach Ludwigshafen am Rhein und lernten dort Ehepaar Bangel kennen. Bangels kannten Pfr. Klaus Heß v.g.L. und waren über ihn mit den Gedanken des Oekumenischen Christusdienstes zur Einheit des Gottesvolkes vertraut geworden. Sie erkannten in den Brüdern dasselbe Verlangen und schlossen sich mit ihnen um Jesu willen zusammen. In ihrem Haus konnte 1964 der Anfang für junge Frauen aus dem Ursprungskreis gemacht werden, die wie die Brüder zölibatär leben wollten. Der Schwesternzweig der Gemeinschaft entstand.

Wenige Jahre später nahm die Familiengemeinschaft der Jesus-Bruderschaft ihren Anfang. Es ist kein Zufall, dass sich gerade 1968 Ehepaare zur Gemeinschaft zusammen schlossen; bald stießen andere hinzu. Der dritte Phänotyp entstand, die gemischte Gemeinschaft oder Familienkommunität. 1969 wurde ein Hof in dem heutigen Weiler Gnadenthal (Hünfelden, Hessen), einem ehemaligen Zisterzienserinnenkloster, gekauft, um ein Stillezentrum aufzubauen.

---

zehn bis 15 Jahre später, weshalb ab Anfang der achtziger Jahre der Name »Jesus-Bruderschaft« von der Bezeichnung »Kommunität Gnadenthal« abgelöst wurde. Das war aber in dem Moment nicht mehr stimmig, als sich die Gemeinschaft mit der Maueröffnung nach Ostdeutschland hin ausweitete und in Hennersdorf und Kloster Volkenroda weitere Kommunitäten gründete.

Die späten sechziger und die siebziger Jahre sahen eine explosionsartige Verbreitung der Jesus-Bruderschaft: Viele neue Brüder und Schwestern traten in rascher Folge ein und wurden nach ein oder zwei Jahren in Dreiergruppen ausgesandt in verschiedene Großstädte der Welt. Zeitweise gab es 23 solcher »Außenkommunitäten«, meist bestehend aus drei Brüdern und drei Schwestern. Diese arbeiteten in ihren normalen weltlichen Berufen und versuchten, ihren Kollegen und Mitarbeitern Bruder und Schwester zu sein. Das Modell erinnert sehr stark an die »Kleinen Brüder und Schwestern Jesu« von Charles de Foucauld und betont noch einmal den eher ordensmäßigen Charakter der zölibatären Zweige der Jesus-Bruderschaft.

Zu gleicher Zeit war es auch möglich, dass einzelne Personen oder Familien, die nicht im gemeinsamen Leben standen, sondern irgendwo außerhalb lebten und ihrem Beruf nachgingen, als vollwertige Mitglieder in die Gemeinschaft aufgehommen wurden. Der eher losere, bruderschaftliche Phänotyp bestand also noch weiter. Erst Anfang der achtziger Jahre wurde damit bewusst aufgehört, was nicht ohne Konflikte und Schmerzen abging.

Zur selben Zeit wurden der Gemeinschaft mehrere Höfe in Gnadenthal zum Kauf angeboten. Das war die Chance, die ehemaligen Klostergebäude wieder zusammenzuführen und neu zu gestalten und gleichzeitig die geschwisterliche Dorfgemeinschaft aufzubauen. Heute umfasst der Ort eine ökologisch geführte Landwirtschaft, den »Nehemia-Hof« für Kinder- und Jugendarbeit, Umweltbildung sowie das Haus der Stille für Einkehr und Exerzitien, mit der Kirche buchstäblich »mitten im Dorf« für die Tagzeitgebete, belebt und geführt von Brüdern, Schwestern und Familien der Jesus-Bruderschaft. Das

Nebeneinander der Phänotypen – diesmal des zweiten und dritten – zeigt sich bis heute darin, dass die zölibatären Geschwister mit »Bruder« und »Schwester« angeredet werden, die Familien jedoch die Anrede für sich nicht übernommen haben. Es zeigt sich weiter darin, dass die Brüder und Schwestern eine schlichte Tracht tragen und in den Abendmahlsgottesdiensten ein weißes Chorgewand anlegen, was die Familien ebenfalls für sich nicht aufgegriffen haben. Schließlich tragen die Zölibatären die Tagzeitgebete, weil diese stärker in ihren Lebensrhythmus eingebaut sind, als das bei einer Familie, vor allem mit kleinen Kindern, der Fall sein kann. Die Brüder und Schwestern leben jeweils für sich in eigenen Lebensgemeinschaften, während die Familien ihre je eigene Wohnung haben, fast alle Dienste tragen sie aber gemeinsam. Auf die Frage, ob Gnadenthal eher ein evangelisches Kloster oder ein christliches Dorf ist, haben die Geschwister bis heute keine endgültige Antwort gefunden.

Was bedeutet »evangelisches Ordensleben«?

Was bedeutete das für die aufgezählten Gemeinschaften *inhaltlich*, ein evangelisches Ordensleben zu führen? Die Frage muss so gestellt werden, denn *äußerliche* Kriterien allein können nicht genügen – das Äußerlichste wäre ein kirchliches Ordensrecht, dem sich die Gemeinschaften einfügen würden, aber das gibt es in den Kirchen der Reformation nicht. Vielmehr muss der evangelische Charakter dieses Lebens inhaltlich zum Ausdruck kommen, was aber sekundär natürlich äußere Ausdrucksformen nach sich zieht.[42]

---

42 Joest, Spiritualität (Anm. 1), 150–157.

Im Großen und Ganzen haben sich die Kommunitäten lange dagegen gewehrt, als »Orden« betrachtet zu werden. Das mag zum einen damit zusammenhängen, dass die eigenen Anfänge häufig einen fast familiären Charakter trugen, weil die Mitgliederzahlen noch klein waren und damit das Wort »Orden« als zu groß erschien. Zum andern spielte dabei sicher die Abwehrhaltung gegen den Vorwurf »Das ist doch katholisch!« eine wichtige Rolle.

Was aber ist dann »evangelisch« an den Evangelischen Kommunitäten? Das oben erwähnte Faktum, dass es kein Ordensrecht in den Kirchen der Reformation gibt, sagt bereits das Wesentliche: »Evangelische Gelübde« haben allesamt den Charakter der persönlichen Entscheidung und der freiwilligen Hingabe. Es gibt keine äußeren Druckmittel, weder kirchliche noch juristische noch staatliche oder sonst irgendwelche. Genau hier lag aber einer der Haupteinwände von Luther gegen das damalige Verständnis der Mönchsgelübde. Liegt aber kein Zwang, kein »Gesetz« vor, sondern wird das Leben im Orden aus Glauben gelebt ohne die Hoffnung, dadurch besonders gerecht, heilig und selig zu werden, dann liegen von Luthers Seite her keinerlei Einwände dagegen vor.[43]

Das Problem der »Evangelischen Räte«

Evangelisches Ordensleben ist gekennzeichnet durch Verfügbarkeit für Jesus Christus im verbindlichen ge-

---

43 Vgl. A. Lindner (Anm. 3), 17; ferner Luther über Antomios d. Gr. in seiner Schrift *De votis monasticis iudicium*, der »frei in der Wüste gewohnt und in freier Weise ehelos nach der Form des Evangeliums gelebt« habe; erst die Späteren hätten daraus einen Zwang und eine Knechtschaft gemacht: Luthers Werke in Auswahl, hg. v. O. Clemen, Bd. 2, Berlin 1967, 194.

meinsamen Leben, das nach den drei »Evangelischen Räten« Armut, Keuschheit und Gehorsam gestaltet wird. Eine Regel als Ausdruck der Verbindlichkeit war unter evangelischen Kommunitäten lange Zeit undenkbar. Versprechen oder Gelübde dagegen wurde abgelegt, um die jeweilige Berufung des Bruders oder der Schwester vor Gott und der Gemeinschaft festzumachen.[44]

Untrennbar verbunden mit der Aufnahme der Evangelischen Räte und der Gelübde war die Reflexion über die Frage höherwertigen Christseins, die im Mittelalter damit verknüpft war. Hier lag ja der zweite Haupteinwand Luthers gegen die Gelübde. Von den neuen Gemeinschaften wurde diese Meinung natürlich als unevangelisch abgelehnt. So mussten sie auf der einen Seite gegen den Vorwurf kämpfen: »Ihr wollt etwas Besseres sein als wir!«, auf der anderen Seite um das Recht, freiwillig einer Berufung folgen zu dürfen, die nicht automatisch für jedermann so gegeben ist. Sie kämpften um die evangelische Freiheit, nach Matthäus 19,12 und 1. Korinther 7,7 leben zu können, ohne sich damit über andere Formen der Nachfolge hinausheben zu wollen.

»Keuschheit« (Zölibat, Ehelosigkeit um des Reiches Gottes willen) wird von den evangelischen Kommunitäten nicht als etwas Fertiges verstanden. Nach Paulus ist sie ein »Charisma« (1. Korinther 7,7), ist also kein Selbstzweck, sondern dient, wie alle anderen Geistesgaben, »dem Nutzen aller« (1. Korinther 12,7) und braucht wie sie den Raum der Entfaltung, Bewährung und Korrektur. Sie ist die von Besitzansprüchen gerei-

---

44 Joest, Spiritualität (Anm. 1), 157–185; ders., Art. »Gelübde«, in: ELThG² 2 (2019) 393–394; ders., Art. »Gelübde I«, LKRR 2 (2019) 158–159.

nigte »Gabe der Du-Fähigkeit« (H. Eisenberg, Imshausen). Sie »ist Freiheit und Wagnis, Ruf und Charisma. Sie ist kein Zustand, sondern ein Weg«.[45] Das ist typisch evangelisch. Zwar trug Br. Hans Eisenberg (1914–2002) von der Kommunität Imshausen mehrfach zu verschiedenen Gelegenheiten seine Meinung vor, dass eine Familienkommunität unmöglich nach den Evangelischen Räten leben könne, weil die »Keuschheit« Ehelosigkeit bedeute. Damit knüpfte er zweifellos an das mittelalterliche Verständnis dieses Rates an, übersah aber, dass in der heutigen Zeit die absolute Treue in der Ehe als für Verheiratete gültiges Äquivalent der Keuschheit gelten kann. Die Evangelische Communität Koinonia fügt hinzu: »Zölibat als ›Geweihtsein‹ bzw. ›Keuschheit als eschatologische Existenz‹ kann theologisch bisweilen etwas Gequältes annehmen. Nüchtern betrachtet fällt vor allem das Charisma der größeren Verfügbarkeit für den Dienst der Kirche ins Auge. [...] Ehe muss nicht Verfügbarkeit halbieren; sie kann sie auch verdoppeln! Und wenn es einen Unterschied zwischen der zölibatären und der ehelichen Verfügbarkeit gibt, dann ist er ein gradueller, kein prinzipieller.«[46]

»Armut« wird meist als Gütergemeinschaft verstanden. Sie beinhaltet das mitgeteilte Leben und umfasst nicht nur die materiellen Güter, sondern auch das Teilen von Gaben und menschlichen Grenzen. Motivation ist das Doppelgebot der Liebe Gott und den Menschen gegenüber (Matthäus 22,37–39).

---

45 Ein Bericht vom Werden und Auftrag der Christusbruderschaft in Selbitz, Selbitz 1987, 14/18; vgl. auch Ch. Joest, Art. »Zölibat I.«, in: LKRR 4 (2021) 800–801.

46 Geistliche Nachrichten aus der evangelischen Communität und Geschwisterschaft Koinonia, 6. Oktober 2005, 2.

»Gehorsam« bedeutet »Anerkennung einer Autorität« (der Ausdruck stammt aus der Regel von Taizé), beinhaltet aber nicht die Delegation der eigenen Verantwortung für das Leben an die jeweilige Leitung. Unter den Kommunitäten wird viel vom »mündigen Gehorsam« gesprochen. Damit ist gemeint, dass das Mitglied sein Leben freiwillig in einen verbindlichen Lebensrahmen stellt, es dementsprechend gestaltet und mit seinen Gaben und Aufgaben dazu beiträgt, die Berufung seiner Kommunität zu fördern und zu leben. Ferner ist damit gemeint, sich mit verantwortlichen Geschwistern über seine Pläne, Ziele und Wünsche auszutauschen in der Bereitschaft, das, was sie zu sagen haben, zu hören und in das eigene Denken aufzunehmen; umgekehrt ist man auch bereit, zu hören und anzunehmen, was sie an einen herantragen, und mit ihnen darüber zu sprechen.

In einem Rundbrief fragt die Kommunität Imshausen: »Sind die sogenannten ›Evangelischen Räte‹ an die monastische Lebensform gebunden und daher nur für einige wenige Menschen von Bedeutung? Oder können wir sie neu verstehen als Angebot für alle Getauften, jeden Bereich unseres Lebens – den materiellen, psychischen und spirituellen – dem Geist des Evangeliums zu öffnen?«[47] Und sie fährt fort: »Dass Gott sein Geschöpf, mich, so ansieht und annimmt, das macht meine Würde aus und weckt meine Du-fähigkeit (sic) gegenüber dem, dem ich mein Leben verdanke, und zu den Menschen neben mir, die ich auch als Gottes Du, als sein Ebenbild wahrnehme – trotz vieler Schatten und Verzerrungen. In dieser liebenden Achtsamkeit mit Menschen und auch mit anderen Geschöpfen umgehen,

---

47 Freundesbrief aus Imshausen, im Advent 2005, 1.

ihre Eigenständigkeit wahren und bestaunen, das ist mit *Keuschheit* gemeint. Aus dieser Haltung erwächst das Vertrauen, die Sorge um mein ›Ich‹ loszulassen *(Armut)* und die Bereitschaft zum aufmerksamen Hinhören auf das, was durch Worte und Ereignisse in mein Leben hineingesagt wird – und darauf zu antworten (Gehorsam).«[48]

Evangelische »Gelübde«?

Zur Frage der Gelübde (»Profess«) und ihrer Wertigkeit haben sich die Kommunitäten bereits 1979 in einem gemeinsamen Papier geäußert und festgestellt: In der Profess bekennt ein Christ öffentlich die Einwilligung in seine Berufung, unter den Evangelischen Räten zu leben; diese Lebensform ist ein Charisma und hat keinerlei Verdienstcharakter; das Nebeneinander verschiedener Lebensformen ist Ausdruck unterschiedlicher Berufungen; und: Die Profess wurzelt in der Taufe und kann nicht über sie hinaus, sondern nur, wie diese, in die Kirche hineinführen. Im Mittelalter war die Auffassung vertreten worden, die Mönchsprofess wirke wie eine zweite Taufe und versetze den Profitenten wieder in den Stand der Unschuld. Demgegenüber hielten die Kommunitäten fest, dass die Profess die Taufe nicht überbieten kann, sondern sie für den Einzelnen gemäß seiner persönlichen Berufung konkretisiert.[49]

---

48 Ebd. 2, Hervorhebungen im Original.
49 Profess und Kirche. Theologische Reflexionen evangelischer Kommunitäten, US 34 (1979), 93–95; wieder abgedruckt in: J. Halkenhäuser, Kommunitäten und Kirche. Engagement und Zeugnis II, Schwanberg 1993, 17–22.

Für die Kommunitäten war es wichtig, ihre Lebensform der Nachfolge nicht durch den Nutzen gerechtfertigt zu sehen, den sie für die Gesellschaft hat, sondern sie als einen Wert in sich selbst um Christi und seines Rufes willen zu betrachten. Selbstverständlich bringt dieses Leben dann auch Früchte hervor, weil die Liebe nicht für sich bleiben kann, sondern den Nächsten sucht: Auf Schloss Schwanberg betreibt die Communität Casteller Ring eine Tagungsstätte, in Selbitz hat man ein Altenheim gebaut, Adelshofen hat ein Theologisches Seminar errichtet, in Gnadenthal wird Umweltbildung betrieben, und so könnte man fortfahren. Fast alle Kommunitäten haben in irgendeiner Form die Möglichkeit für Gäste zur Einkehr mit dem Angebot von Seelsorge und geistlicher Begleitung.

So darf man mit Andreas Lindner resümieren:

»Die Zeiten haben sich geändert. Katholische und evangelische Klöster heute sind keine spätmittelalterlichen Einrichtungen von werkheiliger Intensität und geistlicher Exklusivität. [...] In einer geistlichen Kommunität zu leben, sich von Gott dazu gerufen zu wissen und damit in unsere heutige Welt hineinzuwirken, ist eine mögliche geistliche Lebensform innerhalb der evangelischen Kirche. Sie ist im Zeitalter des Individualismus und Intellektualismus sicher auch eine alternative und – je nach Sichtweise – eine notwendige oder eine provozierende Lebensform. Von daher sind sie mancher Kritik ausgesetzt. Die kann sich aber nicht auf Luther und die reine evangelische Lehre berufen.«[50]

---

50 Lindner (Anm. 3), 17.

Das Verhältnis zur Kirche

Schon 1936 hatte Karl Heussi festgestellt, dass die Meinung, »auf ein unasketisches Urchristentum (sei) ein unevangelisches, in diesem Sinne ›katholisches‹ Christentum gefolgt«, unhaltbar ist.[51] Umso erstaunlicher mag es sein, dass sich der Vorwurf im Sinne eines vernichtenden Einwands so lange halten konnte, evangelische Kommunitäten würden »katholisch« leben. Damit hängt zusammen – und es ist bezeichnend –, dass katholische Autoren früher auf diese aufmerksam wurden und sie würdigten als evangelische.[52]

Die erste größere Veröffentlichung und Darstellung evangelischer Bruderschaften und Kommunitäten erschien erst 1959 in dem Sammelband von Lydia Präger, »Frei für Gott und die Menschen«.[53] Eine öffentliche Äußerung seitens der evangelischen Kirchen erfolgte sogar erst 1976 in der »Stellungnahme der Bischofskonferenz« der VELKD.[54] Bis dahin hatte das Verdikt gegolten, das noch 1971 in der großen Brockhaus-Enzyklopädie abgedruckt wurde: »Die aus der Reformation hervorgegangen Kirchen lehnten und lehnen (!) das Mönchtum ab.«[55]

1977 traf sich der Rat der EKD auf Initiative des damaligen Ratsvorsitzenden, des württembergischen

---

51 K. Heussi, Der Ursprung des Mönchtums, Tübingen 1936 (unveränderter Nachdruck Aalen 1981), 1.
52 Belege bei Joest, Protestantismus (in diesem Band S. 18–19).
53 Siehe oben Anm. 17.
54 Abgedruckt in: L. Mohaupt (Hg.), Modelle gelebten Glaubens. Gespräche der Lutherischen Bischofskonferenz über Kommunitäten und charismatische Bewegungen (Zur Sache 10), Hamburg 1976, 142–144, wieder abgedruckt in: J. Halkenhäuser, Kommunitäten und Kirche (Anm. 53), 14–16.
55 Brockhaus Enzyklopädie Bd. 12 (1971), Art. »Mönchtum«, 731.

Landesbischofs D. Helmut Claß (1913–1998), in Gnadenthal. Im selben Jahr besuchte der Rat der EKD die Communauté de Taizé. Als Konsequenz dieser Begegnungen lud Bischof Claß am 20. Dezember 1978 alle Kommunitäten nach Stuttgart in das Tagungshaus »Bernhäuser Forst« ein, um einen offiziellen Weg der Kirche mit den Kommunitäten zu beginnen.[56] Aus diesem Treffen entstand die Konferenz evangelischer Kommunitäten (KevK), die sich nach einigen Kämpfen auf zölibatäre Gruppen mit *vita communis*, also auf den ordensmäßigen Phänotyp beschränkte. Insofern der dritte Phänotyp in Form von Familiengemeinschaften zu der Zeit bereits seit zehn Jahren existierte, war diese Einschränkung leicht anachronistisch, signalisierte aber den Nachholbedarf der Kirche und half den ordensmäßigen Kommunitäten zu einer Vertiefung ihres Selbstverständnisses.

1979 erschien die Denkschrift der EKD »Evangelische Spiritualität«, in der die Kommunitäten und christlichen Lebensgemeinschaften als »Gnadenorte« bezeichnet wurden.[57] Im selben Jahr wurde Landesbischof Claß nach seinem Ausscheiden aus dem Amt als Kontaktmann der EKD für die Evangelischen Kommunitäten beauftragt. Seine Aufgabe bestand in jenen Jahren darin, in den Kirchen der Reformation ein Bewusstsein für die monastische Berufung zu wecken. Ein Ergebnis dieser Jahre dürfte sein, dass der Rat der EKD seit 1985 einen

---

56 Davon berichtet J. Halkenhäuser, Die Evangelischen Kommunitäten – die ekklesiale und ökumenische Dimension ihres Lebens, in: ÖR 30 (1981) 121–132, hier: 126, wieder abgedruckt in: ders., Engagement und Zeugnis, Schwanberg 1982, 34–48, hier: 40.

57 Evangelische Kirche in Deutschland, Denkschrift »Evangelische Spiritualität«, Gütersloh 1979, 53f.

Vertreter bzw. eine Vertreterin der Kommunitäten in die Synode beruft.

1990 bat Landesbischof Claß aus Altersgründen darum, von seinem Dienst entbunden zu werden. In seinem Abschiedswort beim Treffen der KevK in Selbitz sagte Claß am 27. Juni 1991: »Ich danke Gott, dass es die Kommunitäten gibt. Darin sehe ich einen Hinweis auf die Treue Gottes zu unserer evangelischen Kirche. Ich sehe darin auch eine göttliche Korrektur einer Fehlentscheidung unserer Kirche im 16. Jahrhundert [...].«[58] Ab 1990 hatte das Amt des Beauftragten Bischof i.R. Dr. Ulrich Wilckens inne, der gemeinsam mit seiner Frau in großem Engagement und unendlichem Reiseaufwand alle Kommunitäten besuchte, die Konferenzen fortführte und in zahllosen Nöten und Krisen einzelnen Gemeinschaften beistand. Im Jahre 2000 übernahm Bischof i.R. Dr. Christian Zippert (1936–2007) das Amt und setzte die Arbeit seines Vorgängers mit ebensolchem Engagement fort. Ihm war es vorbehalten, nun auch die gemischten Gemeinschaften und Familienkommunitäten zu sammeln und in einer eigenen Konferenz, dem »Treffen der geistlichen Gemeinschaften« (TGG), zusammenzuführen. Die erste Begegnung dieser Art fand 2003 in Reichelsheim bei der Offensive Junger Christen statt und wird seither mit wechselnden Orten jährlich weitergeführt. Nach Jürgen Johannesdotter, Landesbischof der Schaumburg-Lippeschen Landeskirche, ist seit 2018 Christoph Meyns, Landesbischof der Braunschweigischen Kirche, der Beauftragte der EKD für die Kommunitäten und geistlichen Gemeinschaften.

---

58 Vollständig abgedruckt bei Joest, Spiritualität (Anm. 1), 427–431; das Zitat: 427.

Abschließend stellt sich die Frage, wie das *innere* Verhältnis von Kirche und Kommunitäten beschaffen ist. Die Beobachtung ist zutreffend: »In ihren Anfängen haben sich nur die Gemeinschaften selbst als diejenigen verstanden, die zur Erneuerung der Kirche beitragen wollten. [...] Aber die verfasste Kirche fühlte sich durch diesen Erneuerungswunsch eher angegriffen.«[59] Doch 1988 schrieb Johannes Halkenhäuser, der langjährige »Schwanbergpfarrer« für die Communität Casteller Ring: »In der evangelischen Christenheit vertieft sich [...] die Einsicht, dass die Bildung gemeinschaftsintensiver Modelle christlichen Lebens wie etwa der Kommunitäten ein Vorgang ist, der sich aus dem Wesen der Kirche selbst ableitet.«[60] In der Tat hatte Hans Dombois das an dem vierfachen Ekklesia-Begriff des Neuen Testamentes bereits aufgezeigt (oben S. 67).

In der Regel des Ordo Pacis heißt es:

»Unsere Schwesternschaft ist nichts für sich allein, sie lebt in und mit der Kirche. Das wird deutlich an unserem gemeinsamen gottesdienstlichen Leben, in dem die Eucharistie in der Mitte steht, an der Präsenz des Geistlichen Vaters (heute: der Begleitenden Pastorin) und auch daran, dass jede Schwester [...] sich am Leben einer Gemeinde beteiligt. Eine Gemeinschaft wie unsere steht aber auch in einem gewissen Gegenüber zur Kirche und drückt gerade darin ihr Dasein in der Kirche und für die Kirche aus, denn bruderschaftliches und kommunitäres Leben muss sich in

---

59 K. Wiefel-Jenner (s. Anm. 63), 17 u. 18.
60 J. Halkenhäuser, Das Evangelium in Gemeinschaft leben. Zur ekklesialen Dimension des Christseins in Kommunitäten, in: J. Schreiner/K. Wittstadt (Hg.), Communio Sanctorum (FS P.-W. Scheele), Würzburg 1988, 490–503, hier: 498.

einer bestimmten Unabhängigkeit entfalten können, wenn es seine Zeichenhaftigkeit für die Kirche ausprägen und bewahren will.«[61]

Um dieses Verhältnis der Kommunitäten und Geistlichen Gemeinschaften zur Kirche näher zu fassen, traf sich unter der Führung von Bischof i. R. Dr. Christian Zippert und OKR Dr. Thies Gundlach von 2004 bis 2006 in Hannover eine Arbeitsgruppe von Vertretern unterschiedlicher Gemeinschaften. Was sie erarbeitet haben, ist als »Votum des Rates der EKD zur Stärkung evangelischer Spiritualität« veröffentlicht worden.[62] Nach einem kirchen- und geistesgeschichtlichen Rückblick wird dort »der Dienst der Kommunitäten und geistlichen Gemeinschaften in der Kirche« (Kapitel 2) und »der Dienst der Kirche an Kommunitäten und geistlichen Gemeinschaften« (Kapitel 3) beschrieben. Ein Ausblick mit Perspektiven für das Miteinander von Kirchen und Kommunitäten sowie eine Adressliste aller Gemeinschaften runden die Veröffentlichung ab.

Im Geleitwort schreibt der damalige Ratsvorsitzende der EKD, Bischof Dr. Wolfgang Huber:

»Die Einsicht ist gewachsen, dass auch evangelische Spiritualität auf Gemeinschaften angewiesen ist, die dem gemeinsamen geistlichen Leben gewidmet sind. […] Die evangelischen Kommunitäten, die Schwestern- und Bruderschaften und die verbindlichen Gemeinschaften ein-

---

61 Ordo Pacis, Freundesbrief 2005, 1.
62 Verbindlich leben. Kommunitäten und geistliche Gemeinschaften in der Evangelischen Kirche in Deutschland. Ein Votum des Rates der EKD zur Stärkung evangelischer Spiritualität (EKD Texte 88), Hannover, Januar 2007.

schließlich ihrer Zentren legen Wert darauf, frei zu bleiben […]. Es ist diese Mischung aus Autonomie und Alternative, aus geistlicher Verdichtung und ökumenischer Offenheit, die die Faszination der Kommunitäten und verbindlichen Lebensgemeinschaften heute ausmacht. […] Ein gutes und förderliches Zusammenwirken von Kirche und Kommunitäten enthält große geistliche Chancen in sich.«[63]

Der unverwechselbare Beitrag dieser Gemeinschaften in der und für die Kirche ist

»das Sein und die darin gegebene Lebensgestalt, die einen Raum öffnet und geistliche Heimat gibt für andere Menschen. Das Sein ist allem Tun vorgeordnet. Das Sein in Christus steht vor dem Tun für Christus. […] Dass Gemeinschaft geschieht, ist ein Geschenk, aus dem das Dasein füreinander und für andere entspringt. […] Kommunitäten und geistliche Gemeinschaften sind Glieder am weltweiten Leib Christi und gleichzeitig konkrete Verleiblichung von Kirche. Sie sind Lebenszellen innerhalb ihrer Kirchen im Horizont der einen, heiligen, katholischen (allgemeinen) und apostolischen Kirche. […] Aus dem Sein erwachsen Dienste in und an der Kirche. Alle Dienste werden auch von anderen Christen in der Kirche gestaltet und angeboten. Das Charakteristische der Kommunitäten und geistlichen Gemeinschaften ist, dass eine Gruppe diese Dienste trägt, die eine Verbindlichkeit im geistlichen Leben eingegangen ist. Die Gemeinschaft ist der hermeneutische Rahmen für das Tun.«[64]

---

63 Verbindlich leben (s. Anm. 67), 5–6.
64 Ebd. 17–19.

Als Dienst der Landeskirchen an ihren Kommunitäten und geistlichen Gemeinschaften empfiehlt der Rat der EKD den Gliedkirchen: »Wahrnehmen – Kontakt suchen – Anteil nehmen«, dann: »Anerkennen – Freiraum gewähren – fördern«, und schließlich: »Rechtliche Regelungen suchen und Vereinbarungen schließen«. Besonderer Sorgfalt bedarf die Klärung von Wortverkündigung, Sakramentsverwaltung und Kasualhandlungen, vor allem wenn die geistliche Gemeinschaft zu öffentlichen Gottesdiensten einlädt.[65]

Zuletzt wünscht der Rat der EKD, »dass sich die Kommunitäten und geistlichen Gemeinschaften als eine legitime Sozialgestalt der Kirche verstehen«[66] – was sie ja schon lange tun. Aber in diesem Statement liegt umgekehrt die Anerkennung dieser Sozialgestalt seitens der *Kirche* als legitim, und das ist das Entscheidende. Dass daran gearbeitet wird, wie Gottesdienste, Wortverkündigung und Sakramentsverwaltung verantwortlich geregelt werden können, zeigt, dass die Kommunitäten und Gemeinschaften heute nicht mehr um ihre Daseinsberechtigung kämpfen müssen, sondern in einem fruchtbaren Dialog mit ihren Kirchen stehen. Die einzelnen Landeskirchen sind dabei unterschiedlich weit vorangegangen. Ein evangelisches »Ordensrecht« ist nirgends in Sicht. Vielleicht ist aber auch die gewisse Schwebe, die durch das gleichzeitige Stehen der Kommunitäten und Gemeinschaften *in* der Kirche und *gegenüber* der Kirche erzeugt wird, sogar typisch evangelisch und insofern ebenfalls legitim. Immerhin haben einige Landeskirchen die Kommunitäten in ihrer Verfassung verankert, als erste

---

65 Ebd. 21–24.
66 Ebd. 25.

die Bayerische, der die Badische Landeskirche und die Evangelische Kirche Mitteldeutschlands gefolgt sind.

Gemeinsames Leben – verbeult und gesegnet

Wie Kommunitäten im Scheitern wachsen (können)

Vom 2.–4. April 2019 trafen sich in Selbitz Vertreterinnen und Vertreter verschiedener Kommunitäten und Geistlichen Gemeinschaften zu einem Werkstattgespräch. Ihr Arbeitsvorhaben war, eine Theologie des gemeinsamen Lebens in der evangelischen Kirche zu erschließen.[1] Aus diesen Gesprächen, Vorträgen und Austauschrunden sind wesentliche Gedanken in meine folgenden Ausführungen eingeflossen. Außerdem trafen sich im März 2020, als man nicht mehr so recht wusste, ob man sich noch per Handschlag begrüßen kann oder besser nicht, die ledigen Brüder aller deutschsprachigen Kommunitäten von Riechenberg/Goslar bis Ralligen/Schweiz in Gnadenthal. Br. Thomas Dürr von der Christusträger Bruderschaft hat uns dazu einen Einstiegsimpuls gegeben, der unter dem Thema stand: »Im Scheitern gewachsen«, oder: »Wie Zerbruch zu neuem Aufbruch geführt hat«.[2]

---

1 Siehe den Werkstattbericht von Sr. Nicole Grochowina, Selbitz/ Br. Franziskus Joest, Gnadenthal, in diesem Band S. 49–55. Als Referenten haben bei der Tagung mitgewirkt: Prof. Dr. Klaus Raschzok/Neuendettelsau, Prof. Dr. Peter Zimmerling/Leipzig und Landesbischof Dr. Christoph Meyns/Wolfenbüttel. Eine Frucht dieses Werkstattgespräches ist das Buch: Nicole Grochowina/Albrecht Schödl (Hgg.), »Das Land ist sehr gut«. Gemeinsames Leben neu erkundet, Leipzig 2022.

2 Unveröffentlichtes Manuskript. Zitate mit Genehmigung des Autors.

Aus diesem Impuls werde ich im Folgenden immer mal wieder zitieren.

Wenn wir an unsere jeweiligen Anfänge zurückdenken und uns erinnern, wie sich das damals angefühlt hat, dann waren diese Anfänge vielleicht klein, aber zugleich großartig. Wir waren voller Idealismus, den wir aber als solchen nicht erkannt und nicht benannt haben. Vielmehr empfanden wir einen klaren Ruf, eine Berufung, eine Sendung; da war ein Aufbruch voller Begeisterung. Es war schön. Es war aufregend. Wir waren selbstbewusst und provokativ. Jesus Christus schrieb mit uns Kirchengeschichte. Die frühen Veröffentlichungen z. B. von Walter Hümmer legen davon Zeugnis ab (»Bruderschaft als Herausforderung an die Gemeinde«, »Vier Hammerschläge an das Tor der Kirche«, Sammelband »Neue Kirche in Sicht?«[3]). Wir fühlten uns als etwas Besonderes und wurden auch von außen so wahrgenommen. Der Eindruck war: »Die wollen etwas Besseres sein«, nur weil wir anders lebten. Aber ganz unschuldig an diesem Eindruck waren wir nicht.

Nun sind viele von uns in die Jahre gekommen, nicht nur persönlich. Heute sind die meisten unserer Gemeinschaft fünfzig bis siebzig Jahre alt. Die Gründer sind gestorben oder zurückgetreten. Und nach den Aufbrüchen gab es Einbrüche und Umbrüche. Es gab Krisen. Die zweite und dritte Generation stand vor der Herausforderung, die Ursprungsimpulse festzuhalten und sie gleichzeitig ins Heute zu übersetzen. Oft bestand die Aufgabe darin, diese Impulse überhaupt erst einmal zu

---

3   Walter Hümmer, Bruderschaft als Herausforderung an die Gemeinde, Ludwigshafen ¹1969; ders., Neue Kirche in Sicht? Vorträge und Betrachtungen, Marburg/L. ²1977; »Vier Hammerschläge an das Tor der Kirche«, ebd. 47–53.

verschriftlichen. Denn in der Anfangszeit hing alles an dem charismatischen Gründer, der Gründerin, die zugleich Leiter, Führer, ja Gottes Sprachrohr waren. Es war eine personale Autorität, eine Regel in Person.

Dieser Prozess des Bewahrens bei gleichzeitiger »Verheutigung« geht nicht ohne Blessuren ab. Es gibt Infragestellungen. Es gibt Auseinandersetzungen, die, gerade weil es um die Ursprungsideale geht, besonders heftig sein können. Es kommt zu Zerwürfnissen, zu Austritten oder gar zu Trennungen und Abspaltungen.

Wir finden uns vor inmitten vieler Fragen, ja Scherben, und merken: Die Ideale mögen vielleicht noch da sein, aber *wir* sind nicht ideal. Was machen wir nun? Was folgt jetzt daraus? Größere Anstrengungen, die Ideale doch noch irgendwie zu erreichen, und damit eine heillose Überforderung der Geschwister und nicht zuletzt Selbstüberforderung – oder eine realistischere Selbstwahrnehmung? Hat uns Jesus verlassen? Oder hat er die ganze Zeit nur darauf gewartet, dass wir an diesem Punkt ankommen? Br. Thomas stellte fest: »Zur Lebenserfahrung christlicher Gemeinschaften gehört auch das Scheitern.« Und weiter sagte er: »Was gestern noch so gewiss war, ist uns heute entglitten. Wir sind tief gedemütigt. Wir werden manche Vorstellungen von unserer Geschichte in Frage stellen. Wir müssen manches Bild aufgeben und unsere Chronik neu schreiben.«

Paulus schreibt in 2. Korinther 4,7: »Wir haben diesen Schatz in irdenen Gefäßen.« Das heißt: Der Schatz ist da, immer noch. Aber das Gefäß ist aus Ton, ist irden, ist irdisch. Wir nehmen die Sprünge in den Gefäßwänden wahr und sind erschüttert. Damit stehen wir vor einer doppelten Herausforderung: 1. Die Sprünge annehmen: wahrhaben wollen, dass wir nicht mehr sind als irdene

Gefäße; bejahen, dass auch unsere Gemeinschaften zerbrechlich sind wie tönerne Töpfe. Und 2., dass der Schatz, den Gott in uns hineingelegt hat, trotzdem da ist. Weil es Gottes Schatz ist, nicht unser eigener. Er ist in uns gelegt, aber das hat Gott gemacht, nicht wir.

Und aus beidem folgt, dass Gott uns gerade so gebrauchen kann. Dass er unsere Gemeinschaften gerade so segnet. »Als die Armen, die aber doch viele reich machen« (2. Korinther 6,10). Denn darin wird deutlich, dass alles Leben, dass alle Liebe von Gott ausgeht, durch uns, aber nicht von uns.

Papst Franziskus hat das Wort von der »verbeulten Kirche« geprägt. Daher kommt auch das Thema unseres diesjährigen Treffens. Die verbeulte Kirche, nicht die glatt-glänzende. Vielleicht darf ich hier einfügen, worin ich ein Hauptproblem in dem früheren Umgang der katholischen Kirche mit den Missbrauchsfällen sehe: Wenn die Kirche auch in ihrer äußeren Erscheinungsform heilig und untadelig sein soll und man das für das Zeugnis der Kirche vor der Welt hält, dann muss das real-existierende Unheilige versteckt werden, verdeckt, verborgen, damit das Bild der Kirche nicht befleckt wird. Und genau dadurch wird es unglaubwürdig. Wenn man es nicht verstehen oder ertragen kann, dass die Kirche Beulen hat, dann muss man die Beulen verleugnen. Dann wird aber die Rede von Kirche verlogen. Das gab's im Kleinen auch bei uns, wie Br. Thomas feststellt: »Schwierigkeiten waren früher kein Thema unter uns, aber ein großes Problem« (ich ergänze: weil es sie nicht geben durfte; wir haben sie verschwiegen, verleugnet und wegerklärt). Aber, so wieder Br. Thomas: »Seit wir über Schwierigkeiten offen sprechen, sind sie weniger problematisch.«

Wir müssen also unsere Beulen nicht verstecken, ja, wir dürfen das gar nicht. Wir brauchen auch nicht damit hausieren zu gehen, aber wir dürfen in aller Selbstverständlichkeit zu dem stehen, was wir sind: irdene Gefäße, verbeulte Gemeinschaften, aber doch gesegnet und von Gott gebraucht. Ja, unser Zeugnis für Jesus Christus wird umso leuchtender, je mehr wir verstehen, dass »die überschwängliche Kraft von Gott sei und nicht von uns«, um noch einmal 2. Korinther 4,7 zu zitieren. Wieder Br. Thomas: »Die Zeiten der Krise und des Scheiterns waren hart – aber sie haben unseren Blick geschärft, unser Herz geweitet und unsere Liebe vertieft. Viele Menschen suchen uns heute in Zeiten der Krise gerade wegen dieser Erfahrungen auf.«

Und ich meine, auf diese Weise sind wir wahrhaft *evangelische* Kommunitäten. Denn wir erfahren darin, dass alles ganz und gar an Christus hängt und dass wir selbst ganz und gar auf seine Barmherzigkeit angewiesen sind. Und diese Barmherzigkeit hat er uns reichlich erwiesen. Denn wir sind ja immer noch da. Gott geht seinen Weg, merkwürdigerweise auch mit uns. Er kriegt das hin, so unideal wir uns selbst auch erfahren mögen. Und das macht uns zugleich gelassen und fröhlich. Br. Thomas sagt – und ergänzt damit das vorhin zitierte Wort vom Neu-Schreiben unserer Chronik: »Wenn wir unsere Geschichte neu erzählen, brauchen wir keine neuen Worte für Vergangenes, aber wir können unsere Geschichte und Gegenwart in (Gottes) Licht neu lesen [...]. Wir sind durch unsere Geschichte geworden, wer wir sind. Eine andere haben wir nicht, und eine andere brauchen wir nicht. Denn es ist (Gottes) Geschichte mit uns.«

Was für die Gemeinschaft als Ganze gilt, gilt auch für den Einzelnen, die Einzelne. Br. Thomas bekennt:

»Ja, ich wollte auch einmal vollkommen sein, wie der Vater im Himmel vollkommen ist. Aber heute würde es mir reichen, einfach Mensch zu sein. Echte Menschlichkeit in aller Zerbrechlichkeit ist viel kostbarer als jede idealisierte und erträumte Menschlichkeit.« Und er sagt: »Meine Geschichte ist keine heile Geschichte und auch keine heilige Geschichte. Aber (sie) ist ein Stück Heilsgeschichte [...], denn es ist Gottes Geschichte mit (mir).«

Also, was sind wir Kommunitäten denn nun? Sind wir etwas Besonderes, um zum Anfang zurückzukehren? Wir werden heute oft als »Gnadenorte« verstanden, an denen Gottes Nähe in besonderer Weise erfahrbar wird. Darüber hinaus gelten wir als »Werkstätten geistlichen Lebens«, »Laboratorien der Einheit«, »Anders-Orte«, »Kontrastgemeinschaften« und als Grenzgänger, die so die Ökumene vorantreiben. Das alles wird über uns gesagt und geschrieben, seit die Befremdung in den evangelischen Kirchen einer Anerkennung gewichen ist. Das bedeutet: Kommunitäten sind Orte intensiven gemeinsamen geistlichen Lebens; sie leben also im Prinzip nichts anderes als die allen Christen aufgetragene Nachfolge Christi – insofern sind sie nichts Besonderes. Allerdings leben sie diese besonders intensiv: Durch die Verbindlichkeit der Gemeinschaft und die dadurch bedingten unausweichlichen Reibungen aneinander, die Schmerzen, denen man nicht ausweichen kann und will und die dazu nötigen, Barmherzigkeit und Vergebung zu lernen, entsteht das, was andere Menschen als »Gnade« erfahren. Eben gerade durch die »Beulen« auch innerhalb unserer Gemeinschaften.

Christen in Kommunitäten sind also nicht besser als andere Christenmenschen – auch nicht vor sich selbst, wenn sie denn aus den durchlebten Krisen die richtigen Schlüsse ziehen. Aber die Intensität, in der sie leben, was sie leben, ist anders und macht das »Kontrasthafte« aus, die »Werkstatt« (wo Späne fallen). Sie erfahren aber auch besonders intensiv, weil existenziell, was »Rechtfertigung des Sünders« bedeutet, was Gnade und Barmherzigkeit Jesu Christi ausmacht. Und davon teilen sie aus in Seelsorge und geistlicher Begleitung.

»Kerzen zeigen uns, dass Brüche nicht das Ende des Leuchtens bedeuten«, meint Br. Thomas. »Eine Kerze brennt auch über Brüche im Wachs hinweg. Denn es gibt einen Faden, der alles durchzieht und zusammenhält. Deine Gegenwart, Lebendiger, ist wie der Docht in unserem Leben.«

III Spiritualität und Tradition

Gibt es ein »Gründercharisma«?

Wie entstand und entsteht eine neue geistliche Bewegung in der Kirche? Betrachten wir das Mönchtum der frühen Christenheit, die Orden des Mittelalters oder die Bewegungen des vorletzten und letzten Jahrhunderts, so lässt sich fast überall dieselbe Feststellung treffen: So sehr geistliche Neuaufbrüche zu bestimmten Zeiten »in der Luft liegen«, so sehr also Entwicklungen und Bedingungen, Nöte und Mängel einer gewissen gesellschaftlichen und kirchlichen Situation solche Bewegungen geradezu erfordern, so sehr hat es doch immer der Gründerpersonen bedurft, um die geistliche Antwort auf diese Situation in eine konkrete Lebensgestaltung zu überführen.

Am Anfang stehen Menschen. Meist sind es Einzelne, die in ihrer jeweiligen Situation und Umwelt unter bestimmten geschichtlichen Verhältnissen sich von Gott angerührt wissen und nach Wegen suchen, ihm ganz zu dienen, und die in diesem ihrem Suchen andere zu inspirieren vermögen. Nicht nur die geschichtliche Stunde, nicht nur die Gedanken und Ideen, die in einem Lebensentwurf umgesetzt werden, sondern vor allem der je persönliche biographische Weg der Gründer, in dem all das andere eingeschlossen ist, gibt jeder Gemeinschaft ein unverwechselbares Gepräge.

Dabei entsteht die Frage, ob es trotz der so unterschiedlichen geschichtlichen Situationen gemeinsame Züge in der Biographie solcher Gründergestalten gibt. Zugespitzt gefragt: Gibt es so etwas wie ein »Gründercharisma«? Wenn sich solche gemeinsamen Grundzüge nicht nur bei Personen ein und derselben geschichtlichen Epoche aufzeigen lassen, sondern an der Biographie von Ordensgründern weit auseinanderliegender Zeiten und Orte ablesen lassen, mag das Ergebnis vielleicht besonders aussagekräftig sein. Ich habe andernorts[1] bereits die heutigen evangelischen Kommunitäten, also Gruppen im gegenwärtigen Protestantismus mit Zölibat und *vita communis*[2], mit dem Mönchtum der alten Kirche verglichen und Verbindungslinien von der monastischen Tradition der ersten sechs Jahrhunderte zur Spiritualität evangelischer Kommunitäten von heute gezogen. An dieser Stelle soll ein ähnlicher Vergleich unter der genannten Fragestellung nach dem »Gründercharisma« durchgeführt werden.

---

1 Ch. Joest, Spiritualität evangelischer Kommunitäten. Altkirchlich-monastische Tradition in evangelischen Kommunitäten von heute, Göttingen 1995.
2 S. dazu vor allem die beiden grundlegenden Arbeiten: J. Halkenhäuser, Kirche und Kommunität. Geschichte und Auftrag der kommunitären Bewegung in den Kirchen der Reformation (KKS:42), Paderborn 1985; G. Wenzelmann, Nachfolge und Gemeinschaft. Eine theologische Grundlegung des kommunitären Lebens (CThM. C 21), Stuttgart 1994. Außerdem die Kurzdarstellungen bei: I. Reimer, Verbindliches Leben in Bruderschaften, Kommunitäten, Lebensgemeinschaften, Stuttgart ²1987.

Zeugnisse aus den evangelischen Kommunitäten

Liest man verschiedene Selbstdarstellungen von Kommunitäten hintereinander[3], so fällt auf, dass die Gründer trotz unterschiedlicher »Schlüsselerlebnisse«, die für das Werden der jeweiligen Gemeinschaft von konstitutiver Bedeutung waren, mit vergleichbaren Schwierigkeiten zu kämpfen hatten und darin ähnliche Gotteserfahrungen machten: a) Immer wieder wurden in kühnem Glauben große Bauvorhaben angepackt, obwohl die Kassen leer waren; b) immer wieder empfingen die ersten Geschwister innere Eindrücke, die sie wie ein direktes Reden Gottes in ihrem Herzen empfanden; c) immer wieder begegnete ihnen durch Bibelworte, die sie als ihnen ganz persönlich zugesprochen erfuhren, Trost, Mahnung und Ermutigung; d) und immer wieder erlebten sie tiefe Anfechtungen, die sie als eine Läuterung und Zurüstung für ihren Auftrag verstanden.

a) Im Glauben an Gottes Hilfe angepackte Bauvorhaben
Als die *Marienschwestern* in Darmstadt-Eberstadt 1950 mit dem Bau von Anbetungskapelle und Mutterhaus begannen, betrug der Kassenstand dreißig DM! »Nirgends stand freilich in den Statuten (der städtischen Baubehörde), dass die nachzuweisende Finanzierungsstelle auch der Vater im Himmel sein könne.«[4] Bei ihrem 25-jährigen

---

3 Zu den Selbstdarstellungen s. die Lit. der folgenden Anmerkungen. Zeugnisse aus dem heutigen Leben der Kommunitäten in: A.-M. a. d. Wiesche/F. Lilie u. a. (Hg.), Kloster auf Evangelisch. Berichte aus dem gemeinsamen Leben, Münsterschwarzach 2016.
4 M. B. Schlink, Realitäten. Gottes Wirken – heute erlebt, Darmstadt-Eberstadt [14]1989, 17 u. 26; s. dies., Wie ich Gott erlebte.

Jubiläum konnten sie jedoch bezeugen, »dass wir nicht einmal Schulden gemacht haben bei diesen großen Summen, die laufend fällig waren, obwohl wir lange Zeit von Tag zu Tag nicht wussten, womit wir morgen zahlen sollten«.[5]

Hanna *Hümmer* berichtet vom Bau des Mutterhauses der *Christusbruderschaft* in Selbitz 1952:

> »Keines von uns hatte je an eine solche Möglichkeit gedacht. Wir waren alle zutiefst erschrocken und waren von der Frage bewegt: Wie soll das zugehen [...]? Bis in jene Zeit hinein lebten wir fast ausschließlich von den Gaben geschwisterlich gesinnter Menschen aus unserem engsten Freundeskreis. Das Gegebene reichte jeden Monat zum Nötigsten an Nahrung und Kleidung. – In meiner inneren Bedrängnis bat ich Gott um drei Zeichen [...]: Erstens, dass uns das Land dazu geschenkt werde; zweitens, dass uns ein Architekt das Haus umsonst plane; und drittens, dass wir einmal im Monat einen Überschuss von 100 DM in unserer Haushaltskasse hätten.«[6]

Die damalige Priorin Maria Pfister erzählt von den Anfängen der *Communität Casteller Ring*, dass sie 1952/53 eine »Heimat für Flüchtlingsmädchen« schaffen wollten: »Dazu mussten wir einen e. V. gründen und ein Haus

---

Sein Weg mit mir durch sieben Jahrzehnte, Darmstadt-Eberstadt ³1980, 252–262.

5 Evangelische Marienschwesternschaft auf Kanaan, So ist unser Gott. Bezeugt, weil erlebt durch 25 Jahre, Darmstadt-Eberstadt 1972, 68 (Hervorhebung von mir).

6 H. Hümmer, Gott ruft dem, was nicht ist, dass es sei. Ein Bericht vom Werden und Werk der Christusbruderschaft in Selbitz, Selbitz: o. J., 2. Aufl., 15; s. auch Christusbruderschaft (Hg.), Denn er hatte seinem Gott vertraut. Zum Gedenken an Walter Hümmer, Selbitz 1973, 46–52.

bauen. Wir hatten kein Geld, aber ein großes Vertrauen zu unserem himmlischen Vater.«[7]

Ähnliche Erfahrungen machte die *Kommunität Adelshofen*:

> »Es war verständlich, dass man (im Gemeinderat) einem solchen großzügigen Vorhaben wenig Vertrauen entgegenbrachte. Wo sollte auch das viele Geld für das Gelände und die Bauten bei uns herkommen? [...] Im Frühjahr 1963 taten wir dann anlässlich eines Glaubenstreffens den ersten Spatenstich [...]. Es war für uns ein ungeheurer Schritt des Glaubens, mit so wenig Voraussetzungen, wenig Schülern, wenig Mitarbeitern und wenig Geld solch ein Unternehmen zu starten. Es konnte nur im Glauben, im Vertrauen auf den allmächtigen Gott [...] gewagt werden.«[8]

Günter *Oertel* von der *Jesus-Bruderschaft* erinnert sich an den 3. Oktober 1969, als die Bruderschaft noch in Ludwigshafen ansässig war und sich eben erst mit dem Gedanken trug, in Gnadenthal ein Stille-Zentrum zu errichten: »[...] mitten hinein in unser Fest kam ein Brief: 100,– DM von einer Frau, die selbst nicht viel hatte. Alleinlebend gibt sie von ihrer Armut. ›Als Angeld für das, was Ihr bauen wollt‹ – ein gutes Angeld. Später am Tag fahren wir gemeinsam in den Taunus nach Gnadenthal.«[9]

---

7   In: J. Halkenhäuser, Kirche und Kommunität (s. Anm. 2), 232.
8   Lebenszentrum Adelshofen, Geschaffen aus dem Nichts. Berichte und Erfahrungen aus dem Lebenszentrum Adelshofen, Eppingen: ⁴1981, 21f.; s. auch die Autobiographie des Gründers der Kommunität Adelshofen, O. Riecker, Mit 60 fing mein Leben an, Neuhausen-Stuttgart 1977, 190–191.
9   Freundesbrief aus Gnadenthal, September 1989, 4.

b) Die Erfahrung des unmittelbaren Redens Gottes
Woher nahmen diese Menschen die Kühnheit, an Bauen auch nur zu denken? Mutter *Basilea* von den *Marienschwestern*: »Nie werde ich den 4. Mai 1949 vergessen! Ich war in meiner Kammer und betete. Plötzlich war wie durch einen Einbruch des Himmels in meinem Herzen die Gewissheit, dass ich unserem Herrn Jesus eine Kapelle bauen sollte, damit ihm mehr Anbetung zuteil werde.«[10]

Hanna *Hümmer* aus *Selbitz*: »In den ersten Wochen des Jahres 1951 wurde uns im inneren Hören auf Gott [...] die erste Weisung gegeben, dass der Herr uns ein Haus schenken wolle [...]. Wir konnten das alles gar nicht recht fassen.«[11]

Pfarrer Dr. Otto *Riecker*, der Gründer der Bibelschule *Adelshofen*:

>»Am Morgen beim Anziehen hatte ich eine seltsame Schau: Vor meinem geistigen Auge stand der Bibelschulberg, damals noch unbebaut, und auf ihm zog sich eine Reihe von weißen Häusern hin, ähnlich wie eine Diakonissen-Anstalt. Dazu tönte es in meinen Ohren: ›Ach, dass du könntest glauben! Du würdest Wunder sehn! Es würde dir dein Jesus allzeit zur Seite stehn!‹«[12]

Die *Jesus-Bruderschaft* berichtet:

>»›Bauet mir das Haus, so will ICH das Eure bauen‹, 1958 als Weisung erhalten und so verstanden: Sammlung junger Christen zum gemeinsamen Leben, zum Bau des geistli-

---

10 M. B. Schlink, Wie ich Gott erlebte (s. Anm. 4), 252.
11 H. Hümmer, Gott ruft dem, was nicht ist (s. Anm. 6), 15.
12 O. Riecker, Mit 60 fing mein Leben an (s. Anm. 8), 163f.

chen Hauses. [...] 1968 erneute Weisung, IHM das Haus zu bauen. Die Dringlichkeit fehlt diesmal nicht. Der Bau-Auftrag wird angepackt; nun in Bußgesinnung [...] wegen der verlorenen zehn Jahre.«[13]

c) Unmittelbar ansprechende Worte der Heiligen Schrift
Neben solchen inneren Erfahrungen des Redens Gottes beim Gebet waren es immer wieder Worte der Heiligen Schrift, die als jetzt von Gott gesprochen ins Herz fuhren und so auch gehört und aufgenommen wurden. »Zweimal bekamen unsere Gründer, Vater Riedinger, Mutter Basilea und Mutter Martyria, in dieser Stunde ihres Gebetsringens dasselbe Wort aus der Heiligen Schrift: Wer sein Leben verliert um meinetwillen, der wird es finden. Matth. 10,39«, berichten die *Marienschwestern*.[14]

»›Es soll nicht durch Heer oder Kraft, sondern durch meinen Geist geschehen, spricht der Herr‹ (Sach. 4,6) [...]. Das obenstehende Wort wurde uns als Leitwort und Verheißung dazu gegeben«, schreibt Hanna *Hümmer*.[15]

»›Ich will in dir übrig lassen ein armes und geringes Volk, die werden auf des Herrn Namen trauen.‹ Dieses Wort aus Zeph. 3,12 stand von Anfang an als eine Realität über unserem Werk«, so bekennen die Geschwister aus *Adelshofen*.[16]

---

13 Präsenz. Brief an die Freunde der Jesus-Bruderschaft, September 1970, 8.
14 Evangelische Marienschwesternschaft, So ist unser Gott (s. Anm. 5), 57; s. auch a.a.O. 12, 56, 64, 68, 72f., 129.
15 H. Hümmer, Gott ruft dem, was nicht ist (s. Anm. 6), 15; s. auch a.a.O. 18, 19, 22, 24; dies., Auf Dein Wort. Auszüge aus Briefen und Rundbriefen der Christusbruderschaft, Selbitz 1971, Eintrag zu Dezember 1954 u. November 1970 (das Heft hat keine Seitenzahlen).
16 Lebenszentrum Adelshofen, Geschaffen aus dem Nichts (s. Anm. 8), 26; s. auch a.a.O. 5–72, 23, 24, 35, 38f., 42, 44, 48, 54f., 60.

»In dieser Zeit wurden uns zwei Dinge gezeigt. Das erste war die Losung: ›Alles, was ihr tut, das tut von Herzen als dem Herrn und nicht den Menschen, denn ihr wisst, dass ihr vom Herrn zum Lohn das Erbe empfangen werdet. Ihr dienet dem Herrn: Christus!‹ (Kol 2, 23 u. 24) [...]«, steht in einem Bericht der *Jesus-Bruderschaft*.[17]

d) Die Erfahrung von Nacht und Anfechtung
Ein letztes Charakteristikum, über das die betroffenen Personen begreiflicherweise nur Weniges andeuten, muss noch genannt werden: die Erfahrung von tiefer Anfechtung, von innerer Dunkelheit und von Zerbruch. Meist erlebten die Gründer solche Phasen innerer Not und Krise als Läuterung und Durchbruch zu einem tieferen Glauben, ja als Gründung des entstehenden Werkes durch Gott selbst auf dem Fundament der Tränen und der Preisgabe eigenen Könnens.

So erfuhr es Mutter Basilea *Schlink* von der *Evangelischen Marienschwesternschaft*, als sie in große Geldnot kam und der so freudig bezeugte Glaubensmut ins Leere stieß, weil die Gebete zu Gott ungehört zu verhallen schienen. Als Ursache dafür erkannte Mutter Basilea eigene Sünde und Lieblosigkeit. Sie schreibt:

»Gottes Geist stellte dabei Sünden ins Licht vor sein Angesicht, über die ich bisher noch nicht entsprechend Schmerz getragen hatte. Wie ein Film lief mein Leben, Reden und Tun der vier Jahre in der Marienschwestern-

---

17 Die Jesusbruderschaft, in: L. Präger (Hg.), Frei für Gott und die Menschen. Evangelische Bruder- und Schwesternschaften in Selbstdarstellungen, Stuttgart, 224 (nur in der zweiten Auflage von 1965! Die erste war 1959 erschienen).

schaft vor meinem Auge ab. Vor mir stand diese oder jene Schwester, der ich lieblos begegnet war [...]. Der Herr führte dabei immer tiefer hinab in die Dunkelheit der Anfechtung. [...] Durch meine Krankheit bedingt, war ich abgeschlossen von Menschen und musste ohne Ablenkung das Furchtbare unserer Lage, das Nein Gottes zu mir und uns, bis zum Letzten ausleiden. In der Stille sollte ich mich ganz dem Gericht des Herrn stellen, der mich bis auf den Grund meiner Seele treffen wollte, bis ich zerbrochenen Herzens vor ihm lag. [...] [...] Ich wusste: Wenn Gott unsere Marienschwesternschaft so richtete, dass er unser Gebet nicht mehr erhören konnte, dann traf das Gericht vor allem mich als den Hirten, den Gott verantwortlich macht für seine Herde. Es war mir ein unendlicher Schmerz [...]. Die Heiligkeit Gottes war in mein Leben getreten wie selten vorher.«[18]

Mehr andeutend als erklärend bezeugte Kirchenrat Walter *Hümmer* von der *Christusbruderschaft Selbitz*: »Ich bin oft sehr angefochten und komme mir vor wie Antonius in der Wüste. Aber ich habe gelernt, über meinen Anfechtungen und Schwachheiten die Barmherzigkeit des Herrn zu preisen, der sich gerade in unserer Schwachheit herrlich erweisen und uns in Anfechtung ganz zunichte machen will, auf dass er werde ›alles in allem‹.«[19] Wenn man bedenkt, welche massiven Anfechtungen und dämonischen Angriffe die Überlieferung Antonios dem Großen zuschreibt, dann dürften sich hinter diesen zurückhaltenden Andeutungen wohl auch man-

---

18 M. B. Schlink, Wie ich Gott erlebte (s. Anm. 4), 256–259.
19 Christusbruderschaft, Denn er hatte seinem Gott vertraut (s. Anm. 6), 41.

che Abgründe der inneren Dunkelheit verbergen. Diese Feststellung gilt unabhängig von der Frage, wie man aus heutiger Sicht die Berichte der *Vita Antonii* werten will (s. u. S. 114f.), da sich Walter *Hümmer* ganz offensichtlich auf die geläufige Überlieferung bezieht, wie sie z. B. auch in den Darstellungen des *Isenheimer Altares* bildhaften Ausdruck gewonnen hat.

Pfarrer Dr. Otto *Riecker* bezeugt von den Anfangszeiten der Bibelschule *Adelshofen*, noch bevor es zur Gründung der Kommunität gekommen war:

»In jener Zeit führte mich Gott durch eine äußerste Tiefe. Ich saß in der Kirche, die Mütze auf, den Kopf an eine Säule gelehnt, in Decken gehüllt, mit vielfacher Unterwäsche, die Füße auf einer Wärmeplatte: Ich fror. Der Darm gab kein Blut und kein Leben mehr her, arbeitete immer weniger, und je mehr ich aß, desto hungriger wurde ich. [...] Zugleich waren in der Schule Schwierigkeiten aufgetaucht. Wir waren uns über den Kurs nicht einig. [...] Durch das Buch von Lydia Präger ›Frei für Gott und die Menschen‹[20] [...] wurde auch der Gedanke einer Bruderschaft wach, einer Kommunität, die ihr Leben ganz Gott hingab. Er stieß auf heftigen Widerspruch. Es war, wie wenn Wasser und Feuer sich trafen [...]. Ich war reizbar und ertrug nichts. [...] Es war wie eine Hölle. So tief führt Gott seine Kinder. Zerbruch, nicht sanfter Trost. [...] [...] Zu Zeiten waren wir nur vier Schüler, der leitende Mann war ja auch krank. Etwas Weittragendes hatte sich abgespielt. Man suchte nach einem Nachfolger. Dieser und jener sagte ab. In Selbitz stellte es der Hausvater (das heißt wohl: Walter *Hümmer*, A. d. V.) vor unsere Mitarbeiter hin, sie sollten noch ein halbes Jahr dableiben; wenn sich bis dahin keine

---

20 Siehe hier oben Anm. 17.

Lösung fände, sollten sie frei sein. Sie hatten auch Gedanken, auseinanderzugehen. In jener Nacht saß ich aufrecht im Bett und weinte. Sollte alles aufhören? Sollte alles davonraufen? ›Herr, ich gehöre dir! Und wenn sie alle weggehen, so bleibe ich doch da!‹ Das halbe Jahr hatte man mir offenbar als Frist gegeben, ich merkte es nachher.«[21]

Pastor Dr. Olav *Hanssen* berichtet von seinem Erleben, in dem Gestalt und Lebensform der späteren *Gethsemane-Bruderschaft* grundgelegt wurde:

»Ich […] habe meinen Beruf und meine Ehe begonnen, ohne zu wissen, in welche Krise ich da eigentlich hineingerate. Das war natürlich unbewusst. Ich habe mich bloß gewundert, wie ganz anders der Frieden wurde als der Krieg […]. Als ich mein erstes Jahr in Hermannsburg herum hatte, habe ich gesagt: So viel Kummer habe ich im Krieg nie erlebt wie da. Das führte zu einer Krise, zu einer Krankheit. Während dieser Krankheit habe ich das Matthäusevangelium gelesen, und weil es gerade Passionszeit war, habe ich besonders die Gethsemanegeschichte betrachtet und habe dann überlegt: Das war es nun!? […] Auf diesem Krankenlager habe ich plötzlich verstanden, dass dieses ›Nicht wie ich will, sondern wie du willst‹ eigentlich mein Evangelium ist. Ich habe mich hier zutiefst verstanden gefühlt, und in dem Augenblick, wo ich das verstanden hatte, wurde mir auch die Zukunft deutlich. Bis dahin war ich hineingeschlittert. Von da ab war dieses Wort mein ganz bewusstes Ziel, eine Lebensvision. […] Das, was bis dahin unbewusst gelebt und getan war, wurde in dieser stillen Begegnung mit der Gethsemanegeschichte auf dem Krankenlager nicht zu etwas Schrecklichem, sondern zu einer

---

21 O. Riecker, Mit 60 fing mein Leben an (s. Anm. 8), 187f.

Lebensvision, zu einer Selbstfindung. An dieser Stelle ist die Bruderschaft sozusagen geboren worden.«[22]

Zeugnisse aus dem Leben der Mönchsväter

Betrachten wir nun das Leben einiger Gründergestalten des alten Mönchtums! Dabei muss uns angesichts der Frage nach möglichen Parallelen und Verbindungslinien natürlich der große zeitliche und kulturelle Abstand bewusst bleiben, der heutige evangelische Kommunitäten von ihnen trennt. Gerade beim ersten und beim vierten Punkt wird sich das besonders deutlich zeigen.

a) Bautätigkeit in Armut
Zum Stichwort »Bauen ohne Geld« lassen sich im alten Mönchtum kaum schlagende Parallelen mit der Bedeutung finden, die solch ein Vorgang für uns heute hat, weil die damalige Zeit eine völlig andere Wirtschaftsordnung kannte und die Mönche, soweit sie dem Anachoretentum zuzählten, an großen Bauten nicht interessiert waren.

Pachom freilich, der »Vater der Koinobiten«, errichtete ein Kloster, da er die Verheißung empfangen hatte, dass viele zu ihm kommen würden, und allein schon darin zeigt sich sein paradigmatischer Charakter für alle späteren ordensähnlichen Gruppen mit *vita communis*: Eine Lebensgemeinschaft bedarf nun einmal des Lebensraumes und einer Stätte gemeinsamen Gebets.[23] Diesen Raum schuf Pachom dadurch, dass er zusam-

---

22 Hanssen während der Oster-Einkehrzeit 1988, fotokopierte Mitschrift von S. Schubert, 22f.
23 In meiner oben Anm. 1 genannten Arbeit stelle ich das Paradigmatische von Pachoms Lebenswerk gerade für evangelische Kommunitäten ausführlich dar, s. a. a. O. 97–124 *et passim*.

men mit seinem Bruder Johannes eigenhändig die Mauern aufführte.[24]

Sicherlich hatten nur sehr reiche Menschen damals die Möglichkeit, andere für sich bauen zu lassen – für Pachom lag das jedenfalls schon wegen seiner einfachen Lebensweise völlig außer Reichweite, und hier liegt doch auch ein Vergleichspunkt zu den heutigen Kommunitäten. Das eigenhändige Bauen blieb auch weiterhin für die Pachomianer bezeichnend; so errichteten sie mit eigenen Kräften eine Kirche in dem Dorf Tabennese, danach eine für sich selbst, ferner ein Kloster für Pachoms Schwester und später weitere Klöster für Brüder in *Pbau, Tse* und *Šmin*, wobei sich Pachom persönlich an den Bauarbeiten beteiligte.[25]

Gerade hierin taten es ihm aber die Brüder und Schwestern der oben genannten Gemeinschaften gleich: Die *Marienschwestern*, deren keine etwas vom Bauen verstand, errichteten »mit eigener Hand Mutterhaus und Kapelle«[26]; in *Gnadenthal* hieß es »Nägel klopfen, Holz sägen, Heizungsrohre streichen. Das war für manche Brüder hart!«[27]; die *Adelshofener* berichten: »Wir waren unsere eigene Baufirma«, und verschweigen dabei nicht, dass wegen der ungeübten Kräfte auch eine »krumme Wand« entstand.[28] Das Letztere erinnert an die Kirche mit den

---

24 Gl 15, in: F. Halkin, Sancti Pachomii vitae graecae (SH 19), Brüssel 1932, 10,1-23.
25 Bo 25, 27 u. 49, in: Ch Joest (Hg.), Das Leben des hl. Pachom und seiner Nachfolger. Aus dem Kopt. übers. v. Ch. J. (Weisungen der Väter 24), Beuron 2016, 64f., 67f., 91.
26 Evangelische Marienschwesternschaft, So ist unser Gott (s. Anm. 5), 26; vgl. auch M. B. Schlink, Realitäten (s. Anm. 4), 27-30.
27 Präsenz (s. Anm. 13), 5.
28 Lebenszentrum Adelshofen, Geschaffen aus dem Nichts (s. Anm. 8), 28-30.

krummen Pfeilern, die Pachom gebaut haben soll.[29] Die Quellen sagen zwar, er habe absichtlich die ursprünglich geraden Pfeiler auseinandergezogen, so dass sie krumm wurden, um seinen Sinn für Ästhetik abzutöten. D.J. Chitty sieht darin jedoch eine nachträgliche Beschönigung der Tatsache, dass die Kirche mit schlechtem Material und von unerfahrenen Handwerkern gebaut wurde.[30] Man darf hier wohl auch an Franz v. Assisi erinnern, der sich das Baumaterial für die Ausbesserung des Kirchleins von S. Damiano zusammenbetteln musste.[31]

b) Unmittelbare göttliche Inspiration
Für sein kühnes Werk, das Mönchtum in die neue Form der Koinonia zu überführen,[32] bedurfte Pachom

---

29 Paral 13,32: Halkin (s. Anm. 24), 157,29–158,5.
30 D. J. Chitty, The Desert a City. An Introduction to the Study of Egyptian and Palestinian Monasticism under the Christian Empire, Oxford 1966, 22.
31 Dreigefährtenlegende Nr. 21–24: Franziskan. Quellenschriften 8. Hg. v. E. Grau, Werl 1993, 106–110. Es kann nicht übersehen werden, dass die Bautätigkeit bei Franziskus in einem ganz anderen Kontext steht als die der Kommunitäten, da er feste Bauten für sich und seine Brüder rigoros ablehnte.
32 Was daran neu ist angesichts der Tatsache, dass es schon vor Pachom gemeinsam lebende Mönche gab, erörtere ich in: Ch. Joest, »... alle Tage den Menschen dienen«. Pachom und seine ursprüngliche Inspiration zum koinobitischen Leben, in: EuA 67 (1991), 35–50, hier: 40–43; s. auch ders., Benedikt von Nursia und der Stellenwert gegenseitiger brüderlicher Liebe bei Pachom, Horsiesi und Basileios d. Großen, in: EuA 68 (1992), 312–326, hier: 315–321; ders., Pachom und Theodoros. Konflikte im Autoritätsverständnis bei den Pachomianern, in: ThPh 68 (1993), 517–530; ders., Proverbia 6,3 und die Bruderliebe bei den Pachomianern, in: VigChr 47 (1993), 119–130; ders., Vom Sinn der Armut bei den Mönchsvätern Ägyptens. Über den Einfluss des kulturellen Hintergrunds auf das Konzept der Askese, in: GuL 66

der göttlichen Inspiration. Mehrfach erzählen die Quellen von Träumen, Visionen und Auditionen, durch die er den Weg gewiesen bekam und den Auftrag erhielt, Menschen in einem Koinobion zu sammeln. Zum Beispiel träumte er in der Nacht nach seiner Taufe, dass Tau vom Himmel auf sein Haupt herabkam, von dort in seine rechte Hand floss und sich da zu Honig verdichtete, welcher auf den Boden tropfte und sich über die ganze Erde verbreitete. Dazu hörte er eine Stimme sagen: »Verstehe dies, Pachom, denn das wird dir in kurzer Zeit geschehen.«[33]

Es liegt gewiss wiederum in der ganz anderen Zeit begründet, in der wir heute leben, dass Berichte von Berufungserfahrungen in unseren Tagen nicht so häufig von Engelvisionen erzählen, wie es die alten Quellen tun. Aber es mag doch ein in etwa vergleichbares Widerfahrnis sein, wenn M. *Basilea* »wie durch einen Einbruch des Himmels« in ihrem Herzen eine Gewissheit über das empfing, was sie tun sollte, oder wenn Mutter *Hümmer* »im inneren Hören auf Gott« eine Weisung erhielt, die sie zunächst erschreckte (s. oben). Vergleichbares ließe sich unschwer auch für Franz v. Assisi oder Ignatius von Loyola nachweisen.[34]

(1993) 249–271, hier 260–271; ders., Apa Pachom – Mönchsvater und Diener aller. Die Doppelberufung Pachoms und sein Konflikt mit Theodoros, StMon 36 (1994), 165–184.

33 Bo 8; ähnlich später während seiner Lehrzeit unter Palamon, Bo 12 u. 17; und schließlich nach der Zeit, die Pachom mit seinem Bruder Johannes zusammen gelebt hatte, Bo 20: Ch Joest (Hg.), Das Leben des hl. Pachom (Anm. 25), 32f., 40, 45f. Die letzte Vision berichtet detaillierter S3 107; hierzu s. Ch. Joest. »... alle Tage den Menschen dienen« (s. Anm. 32), 43–46.

34 Für Franziskus denke man etwa an die Träume und Auditionen in Spoleto oder das sprechende Kreuz in s. Damiano, s. Drei-

c) Inspirierende Worte der Schrift

Dass bei solchen Grunderfahrungen mit Gott häufig auch Bibelworte eine Rolle spielten, die den Gründern evangelischer Kommunitäten ins Herz fuhren, mag wohl auch in ihrer protestantischen Bibelfrömmigkeit begründet liegen. Aber dasselbe lässt sich für alle Zeiten immer wieder nachweisen.

Bei Pachom dürften die Berichte der Apostelgeschichte über die Urgemeinde in Jerusalem (Apostelgeschichte 2,42–47; 4,32–37) solch eine Rolle gespielt haben. Darauf weist eine nur in der sahidischen Überlieferung erzählte Begebenheit hin, wonach Pachom über seine ersten Mitbrüder feststellen musste, »dass sie noch nicht geneigt waren, sich miteinander zu der vollkommenen Gemeinschaft zu verbinden, zu der Art, wie in der Apostelgeschichte über die Glaubenden geschrieben ist: ›Sie waren ein Herz und eine Seele, und alle Güter gehörten ihnen gemeinsam; es gab keinen, der von dem, was ihm gehörte, gesagt hätte: das ist mein.‹ [...].«[35] Darüber hinaus spricht schon allein die Wahl des Wortes Koinonia als Benennung des pachomianischen Klosterverbandes für diese Annahme.

Von Antonios d. Gr. wird es uns unmissverständlich bezeugt: Er hatte im Alter von etwa 18 Jahren seine Eltern verloren und erbte von ihnen einen beträchtlichen Landbesitz, der ihm ein reiches Einkommen bescherte. Er

---

gefährtenlegende Nr. 5–6 u. 13; Anonymus Perusinus Nr. 5–6: Franziskan. Quellenschriften 8 (s. Anm. 31), 86–88, 96f. u. 224f. Bei Ignatius sei an das Erleben oberhalb des Cardoner oder die Vision in La Storta erinnert, s. Bericht des Pilgers Nr. 30 u. 96 (Hg. v. B. Schneider, Freiburg – Basel – Wien [7]1991, s. dort 184f. die Anm. zu Nr. 96!).

35 S1 11: Ch. Joest (Hg.), Das Leben des hl. Pachom (s. Anm. 25), 54.

machte sich aber Gedanken darüber, wie er als Christ mit solch einem Reichtum umgehen könnte.

»In diesen Gedanken betrat er das Gotteshaus, und da geschah es, dass gerade das Evangelium verlesen wurde. Er hörte, wie der Herr zu dem Reichen sagte: ›Willst du vollkommen sein, nun, dann verkaufe all deinen Besitz, gib den Erlös den Armen, komm und folge mir nach, und du wirst einen Schatz im Himmel haben.‹ Antonios aber war es, als ob ihm von Gott selbst die Erinnerung an diese Heiligen gegeben worden sei und als ob (nur) seinetwegen diese Schriftstelle gelesen worden war. Sofort ging er aus der Kirche und schenkte seinen Besitz [...] den Bewohnern seines Heimatortes [...].«[36]

In demselben Schriftwort hat bekanntlich auch der hl. Franziskus seine Berufung ausgedrückt gefunden.[37]

d) Nacht-Erfahrungen bei den Mönchsvätern

Auch die Anfechtungen fehlen nicht im Leben der Mönchsväter. Für uns nicht leicht zu verstehen, werden sie uns in der Gestalt von dämonischen Angriffen beschrieben.[38] In unserem Zusammenhang ist die Tatsache bezeichnend, dass solche Anfechtungen vor allem am Beginn des jeweiligen geistlichen Weges standen und von

---

36 Vit Ant 2: Athanase d'Alexandrie, Vie d'Antoine, ed. G. J. M. Bartelink (SCh 400) 132–135.
37 Dreigefährtenlegende Nr. 28–29; Anonymus Perusinus Nr. 10–11: Franziskan. Quellenschriften 8 (s. Anm. 31), 114f. u. 228f.
38 Vgl. dazu etwa U. Ranke-Heinemann, Das frühe Mönchtum. Seine Motive nach Selbstzeugnissen, Essen 1964, 50–64; dies., Die ersten Mönche und die Dämonen, in: GuL 29 (1956) 165–170; G. Switek, Wüstenväter und Dämonen. Ein Beitrag zur Geschichte des »Geistlichen Kampfes«, in: GuL 31 (1964) 340–358.

den Biographen als Vorbereitung für den göttlichen Auftrag angesehen wurden.

Von *Antonios* ist uns das am geläufigsten, weil seine Lebensbeschreibung aus der Feder des Erzbischofs Athanasios von Alexandrien rasche und weite Verbreitung fand und die Berichte über dämonische Angriffe auf Antonios häufig sehr phantasievoll bildhaft gestaltet wurden. In der Vita heißt es:

»Dann ging er in eines der Gräber hinein und blieb [...] allein darin. Da hielt es der böse Feind nicht aus, weil er fürchtete, Antonios könnte bald auch die Wüste mit seiner Askese erfüllen; und so ging er in der Nacht mit einer Anzahl Dämonen her und schlug ihn so heftig, dass er stumm vor Qualen am Boden lag. [...] [...] Dazu verwandelten sie sich in die Gestalt von wilden Tieren und Schlangen, und bald füllte sich der Ort mit den Erscheinungen von Löwen, Bären, Leoparden, Stieren und Nattern, Ottern, Skorpionen und Wölfen [...].«[39]

Ähnliches erlebte er später, als er sich in ein verlassenes Kastell einschließen ließ: Seine Freunde »hörten, wie im Innern ganze Heerscharen lärmten und tobten, heulten und schrien: ›Verschwinde aus unserem Reich! Was hast du in der Wüste zu suchen? Du wirst unsere Angriffe nicht aushalten!‹«[40]

Bezeichnend ist nun die Tatsache, dass nach Auffassung des Biographen diese Anfechtungen des Antonios der Vorbereitung auf seine spätere Aufgabe dienten. Im Anschluss an die zuerst beschriebenen Erscheinungen

---

39 Vit Ant 8–9: Bartelink (s. Anm. 36), 156–163.
40 Vit Ant 13: Bartelink (s. Anm. 36), 168–173.

nämlich heißt es, dass ihm Christus zu Hilfe kam und ihm sagte: »›Antonios, ich war hier, aber ich wartete, um deine Kämpfe zu sehen. Weil du den Streit bestanden hast, ohne zu unterliegen, werde ich dir immer helfen und dich überall berühmt machen.‹ Als er dies hörte, stand er auf und betete. Er gewann so viel Kraft, dass er merkte, wie er mehr Stärke besaß als zuvor.«[41] Später, nachdem Antonios fast zwanzig Jahre als Rekluse in dem verlassenen Kastell gelebt hatte,

> »wünschten sich viele sehr, seine Askese nachzuahmen; einige seiner Bekannten kamen und brachen gewaltsam die Türe auf. Da trat Antonios heraus wie aus einem Heiligtum, eingeweiht in tiefe Geheimnisse und voll Gottes. [...] Viele der Anwesenden, die ein physisches Leiden hatten, heilte der Herr durch ihn; andere befreite er von Dämonen. Er schenkte unserem Antonios auch die Gütigkeit der Rede; und er tröstete viele Trauernden, andere, die miteinander zerstritten waren, versöhnte er, so dass sie Freunde wurden. Allen aber sagte er, sie sollten nichts Irdisches der Liebe zu Christus vorziehen.«[42]

---

41 Vit Ant 10: Bartelink (s. Anm. 36), 162–165.
42 Vit Ant 14: Bartelink (s. Anm. 36), 172–175. Der letzte Satz zeigt, wie viel die Regula Benedicti der Vita Antonii verdankt, vgl. RB 4,21; 72,11. Zum Idealbild des Antonios als »Gottesmann« s. B. Steidle, »Homo dei Antonius«. Zum Bild des »Mannes Gottes« im alten Mönchtum, in: Ders. (Hg.), Antonius magnus eremita, 356–1956 (StAns 38), Rom 1956, 148–200. – Zum Verhältnis des Antoniosbildes der Vita zum »wirklichen« Antonios, wie ihn etwa die Apophthegmen schildern, s. H. Dörries, Die Vita Antonii als Geschichtsquelle, in: Ders., Wort und Stunde I. Gesammelte Studien zur Kirchengeschichte des vierten Jahrhunderts, Göttingen 1966, 145–221. Es ist zwar unbestreitbar, dass Athanasios in der Schilderung des Antonios seine eigenen Akzente setzt, doch erscheinen mir die Gegensätze zwischen Ideal-

Ähnliches wird auch von *Pachom* berichtet:

> »Pachom ertrug sehr viele Versuchungen vonseiten der Dämonen, unter Gottes Zulassung und sowohl als Schulung für ihn selbst wie zum Nutzen anderer. Sie begannen, ihn offen anzugreifen. Manchmal, wenn er sich zum Gebet hinknien wollte, machten sie scheinbar eine Art Grube vor ihm, um ihm Angst einzujagen [...]. Oder sie ließen seine Zelle erzittern, damit er fürchten solle, sie werde über ihm zusammenstürzen. [...] Eines Tages, als er sich zur Arbeit niederließ, nahm der Dämon die Gestalt eines Hahnes an und krähte ihm ins Gesicht. [...] Wieder ein andermal, als er sich setzte, um sein Brot zu essen, kamen sie zu ihm in Gestalt nackter Frauen und setzten sich, um mit ihm zu essen. Der Mann Gottes schloss die Augen und sein Herz, bis sie verschwanden und sich in Luft auflösten.«[43]

Auch über *Benedikt v. Nursia* hören wir, dass er Anfechtungen zu erdulden hatte, bevor er zum Mönchsvater wurde. Die Szene spielt in der Höhle von Subiaco, in die sich Benedikt zurückgezogen hatte. »Eines Tages, als Benedikt allein war, nahte sich ihm der Versucher. Ein kleiner schwarzer Vogel, eine Amsel, flatterte ihm um das Gesicht und belästigte ihn zudringlich. Der heilige

---

bild und Wirklichkeit nicht so stark, wie Dörries sie beschreibt. Eine gewisse Brücke zwischen beiden stellen die sieben weithin als echt anerkannten Antoniosbriefe dar, vgl. S. Rubenson, The Letters of St. Antony. Monasticism and the Making of a Saint (Studies in Antiquity and Christianity), Minneapolis MN 1995.

43 Bo 21: Joest, Das Leben des hl. Pachom (s. Anm. 25), 51f.; vgl. dazu auch F. Ruppert, Das pachomianische Mönchtum und die Anfänge klösterlichen Gehorsams (MüSt 20), Münsterschwarzach 1971, 44f.

Mann hätte die Amsel mit der Hand fangen können, wenn er gewollt hätte. Er machte jedoch das Zeichen des Kreuzes; da flog der Vogel davon. Kaum war der Vogel fort, überkam den heiligen Mann eine so heftige sinnliche Versuchung, wie sie ihm noch nie widerfahren war. Irgendwann hatte er eine Frau gesehen, die ihm der böse Geist jetzt wieder vor Augen führte. Durch das Bild ihrer Schönheit entfachte er im Diener Gottes eine solche Glut, dass sich das brennende Verlangen in seiner Brust kaum bändigen ließ. Fast hätte die Leidenschaft ihn überwältigt, und er war nahe daran, die Einsamkeit zu verlassen. Da traf ihn plötzlich der Blick der göttlichen Gnade, und er kehrte zu sich selbst zurück. Er sah in der Nähe ein dichtes Nessel- und Dornengestrüpp, zog sein Gewand aus und warf sich nackt in die spitzen Dornen und brennenden Nesseln. Lange wälzte er sich darin; als er aufstand, war er am ganzen Körper verwundet. So heilte er durch die Wunden der Haut am eigenen Leib die Wunden der Seele; die Lust wurde zum Schmerz. Während sein Äußeres qualvoll, aber heilsam brannte, löschte er das verführerische Feuer im Innern. Er besiegte die Sünde, indem er das Feuer umwandelte.[44]

Auch hier wieder ist der Hinweis von Interesse, dass gerade durch solche Anfechtungen der Heilige für seine spätere Aufgabe zubereitet wird:

---

44 Gregor d. Gr., Dialoge II, 2,1–2; zitiert nach: Gregor der Große, Der hl. Benedikt. Buch II der Dialoge lateinisch/deutsch, hg. im Auftrag der Salzburger Äbtekonferenz, St. Ottilien 1995, 110/111; vgl. dazu auch A. Grün, Benedikt von Nursia. Seine Botschaft heute (MKS 7), Münsterschwarzach 1979, 8f.; ders., Einswerden. Der Weg des hl. Benedikt (MKS 36), Münsterschwarzach 1986, 16–19.

»Von da an verließen viele die Welt und kamen zu ihm, um sich seiner Führung anzuvertrauen. Frei vom Übel der Versuchung, wurde er mit Recht Lehrmeister der Tugend. [...] Als die Versuchung gewichen war, konnte die Saat der Tugenden wachsen, und der Mann Gottes brachte reiche Frucht wie ein von Dornen gereinigtes bearbeitetes Land. Der Ruf seiner beispielhaften Lebensweise breitete sich aus und sein Name wurde berühmt.«[45]

Wie immer wir zu den mit antiker Phantasie ausgemalten Dämonenerscheinungen stehen mögen, es kann kein Zweifel sein, dass im Kern dieser Berichte echte Versuchungen, Anfechtungen und Nöte bezeugt werden, durch die der Betroffene für seine Berufung und Aufgabe bereitet wurde. Wollte man diese Berichte – bei aller gebotenen Zurückhaltung – einer psychologischen Betrachtung unterwerfen, könnte man in den Dämonenkämpfen die Objektivierungen der eigenen inneren Abgründe und Versuchlichkeiten erkennen, wie vor allem die Passagen über *Pachom* und *Benedikt* nahezulegen scheinen. Insofern mögen die zum Vergleich herangezogenen Abschnitte den oben angeführten Berichten aus heutiger Zeit vom Gehalt her doch nicht so ferne stehen, wie es zunächst den Anschein hat.

Gibt es ein Gründercharisma?

Da Berichte der Art, wie sie hier zusammengetragen wurden, bei unterschiedlichen Menschen zu verschiedenen Zeiten und in verschiedenen Zusammenhängen auf-

---

45 Dial. II, 2,3 u. 3,1; zitiert nach: Gregor d. Gr. (s. Anm. 44), 110/111 u. 112/113.

tauchen, bin ich geneigt, darin Kennzeichen eines Gründercharismas zu sehen.

In zweierlei Hinsicht könnte man dieses Ergebnis kritisch hinterfragen. Erstens: Kann man hier von Charisma sprechen? Entsteht die Notwendigkeit z. B. des Bauens nicht ganz von alleine, wenn eine geistliche Gemeinschaft da ist, die zudem noch zahlenmäßig wächst? Ist es nicht ganz normal, dass solch ein Schritt, vor allem wenn die Gemeinschaft noch klein ist, als große Herausforderung empfunden wird, als Glaubenswagnis, ja als Anfechtung? Ist es nicht natürlich, dass man in dieser Situation besonders offen ist für Zeichen der Bestätigung, seien es Worte der Heiligen Schrift, seien es Eingebungen anderer Art? Kann man es nicht nur allzu gut verstehen, dass solche Glaubenswagnisse auch in Erfahrungen der Dunkelheit führen, der Anfechtung, des Angegriffen-Werdens?

Das alles ist richtig. Und doch ist zu sagen, dass sich nicht jeder Mensch solch einer Herausforderung stellen würde. Es ist eben doch eine Gabe, über die nicht jeder verfügt, wenn jemand in dieser Situation vorwärtsgeht, den Glauben nicht nur für sich selbst aufbringt, sondern auch andere zum Wagnis inspiriert und ihnen damit tiefe Glaubenserfahrungen zu vermitteln vermag. Inwieweit an dieser Stelle natürliche Gabe und übernatürliches Charisma zusammenspielen und ineinandergehen, das braucht hier nicht entschieden zu werden – kann es wahrscheinlich auch gar nicht. Auf jeden Fall ist deutlich, dass Menschen mit dieser Gabe eine Gemeinschaft zu gründen vermögen, im zweifachen Sinn, den dieser Ausdruck hat: nämlich die Gemeinschaft zu beginnen (so das landläufige Verständnis von »Gründung«), aber auch, sie auf einen tiefen und tragfähigen Grund zu stellen. Es ist das Letztere, das eine Inspiration weitergibt und die Spiritualität einer Gruppe von Menschen prägt, und zwar stets durch die Person von Gründergestalten hindurch.

Die zweite Frage betrifft den großen geschichtlichen Abstand zwischen dem Mönchtum der alten Kirche und den heutigen Kommunitäten. Kann man hier wirklich von Verbindungslinien sprechen? Denn »jeder hat sein eigenes Charisma von Gott, der eine so, der andere so« (1. Korinther 7,7); darin »offenbart sich der Geist zum Nutzen aller« (1. Korinther 12,7) je heute und je einmalig. Dennoch: In dem anderen Kontext der antiken Welt und unter den veränderten Bedingungen, die dieser Kontext bedeutet, lassen sich bei den Gründergestalten in Mönchtum und Kirche ähnliche Züge beobachten. Ähnliche Voraussetzungen wie das existenzielle Ringen um eine ganzheitliche Lebenshingabe an Gott und die darin erfahrene Inanspruchnahme der ganzen Person durch Gott machen offenbar empfänglich für ähnliche Gnadengaben und schenken die Bereitschaft, sie einzuüben »für den Aufbau des Leibes Christi« (Epheser 4,12). Nicht darin besteht die Verbindungslinie, dass die von den Mönchsvätern berichteten Phänomene von heutigen Christen zuerst studiert und dann nachgeahmt wurden. In diesem Sinne kann es bei solch persönlichen Vorgängen keine »Tradition« geben. Aber gerade deshalb ist es aussagekräftig, dass zu so unterschiedlichen Zeiten und unter so verschiedenen geschichtlichen Bedingungen vergleichbare Situationen vergleichbare Reaktionen hervorrufen bei Menschen, die zu Gründern von Gemeinschaften werden. Gerade deshalb darf man vielleicht doch mit Recht von einem *Gründercharisma* sprechen.

Worin besteht es nun? An erster Stelle muss der Glaube genannt werden, ein tiefes Gottvertrauen, das ganz handgreiflich und sichtbar Ausdruck erhält in konkreten Entscheidungen und Schritten. Dazu gehört, dass dieses Gottvertrauen andere mitnimmt auf dem Weg des Glaubens, dass es inspiriert und zu gleichem Glauben entzündet. Anscheinend ist damit zutiefst verbunden die Bereitschaft, Gottes Weisung zu hören und zu tun; ein persönliches Hören ist hier gemeint, das von einem tiefen, die ganze Person durchdringenden Engagement getragen ist; daher auch die Bereitschaft zum Gehorsam, zum Tun. Anders gesagt: Zum Gründercharisma gehört offensichtlich die Bereitschaft, sich von Gott anpacken zu lassen und seinerseits anzupacken, ein Mut zur ganzen Hingabe und zum Losgehen und Zupacken. Dieses Gottvertrauen hält sich auch in Dunkelheiten und Anfechtungen, Zweifeln und Grenzerfahrungen durch, und offenbar ist es gerade dieses Durchstehen von Krisen, das gründend, grundlegend wirkt und anderen einen Lebensraum eröffnet. Nicht genannt ist bisher ein gewisses Organisationstalent. Ob dieses aber konstitutiv dazugehören muss, mag man z.B. im Hinblick auf den heiligen *Franz* bezweifeln; *Pachom* und *Benedikt* haben es augenscheinlich in nicht geringem Maß besessen.

Entscheidender ist vielleicht etwas anderes, das bisher auch noch nicht zur Sprache kam und angesichts der Tatsache, dass es sich bei den Berichten der evangelischen Kommunitäten um autobiographische Schriften handelt, wohl auch nicht zur Sprache kommen konnte: Zu einem Gründercharisma gehört es, dass der Gründer oder die Gründerin durch ihr Leben das Leitbild der Gemeinschaft verkörpert, dass sie also zur lebendigen Regel werden. Das schließt die Erarbeitung einer eigenen Regel oder die bewusste Orientierung an der Heiligen Schrift als Regel nicht aus. Es lässt sich aber dieser Zug bei allen

Mönchsvätern, die hier herangezogen wurden, feststellen. Inwieweit das auch bei den Gründern evangelischer Kommunitäten der Fall ist, lässt sich heute noch kaum entscheiden. Darüber wird einmal die Geschichte zu befinden haben.

Monastische Wurzeln der Spiritualität in den evangelischen Kommunitäten

Für einen protestantischen Autor mutet es etwas seltsam an, über »monastische *Wurzeln* der Spiritualität in den evangelischen Kommunitäten« schreiben zu sollen, sind doch diese Kommunitäten selbst davon überzeugt, dass ihre Spiritualität *biblische* Wurzeln hat, wie denn *jede* christliche Spiritualität in der Heiligen Schrift wurzelt[1] und nur da wurzeln *kann*.

Man muss sich jedoch fragen, warum es dann überhaupt unterschiedliche Spiritualitäten gibt und nicht nur eine einzige, wenn doch der Wurzelgrund immer derselbe ist. Und weil die Tatsache nicht zu leugnen ist, dass sich in der Spiritualität der verschiedenen evangelischen Kommunitäten auch Elemente finden, die sich auf den einen oder anderen monastischen Orden zurückführen lassen, muss man sich ferner fragen, wie dieser Brückenschlag zustande kommt und wie er vor dem Forum der Heiligen Schrift zu verantworten ist, oder mit anderen Worten: wie Tradition für evangelische Christen lebendig wird und *wirkt*. Schließlich stellt sich die Frage, wie kommunitäres Christsein evangelischerseits vor dem Fo-

---

1 Zum biblischen Wurzelgrund evangelischer kommunitärer Spiritualität s. G. Wenzelmann, Nachfolge und Gemeinschaft. Eine theologische Grundlegung des kommunitären Lebens (CthM.C 21), Stuttgart 1994.

rum der Reformation gerechtfertigt werden kann, doch diese Frage soll uns im Folgenden nicht beschäftigen.[2]

---

2 Dazu ausführlich J. Halkenhäuser, Kirche und Kommunität. Ein Beitrag zur Geschichte und zum Auftrag der kommunitären Bewegung in den Kirchen der Reformation (KKTS 42), Paderborn ²1985, und ders. in zahlreichen Aufsätzen und Lexikonartikeln, es seien exemplarisch nur genannt: Kommunitäten, Bruder- und Schwesternschaften. In: Ökumene-Lexikon. Kirchen – Religionen – Bewegungen, hg. v. Hanfried Krüger u. a., 2. veränderte Aufl. Frankfurt a. M. 1987, ders., Das Evangelium in Gemeinschaft leben. Zur ekklesialen Dimension des Christseins in Kommunitäten. In: J. Schreiber/K. Wittstadt (Hgg.), Communio Sanctorum. Festschrift für Paul-Walter Scheele, Würzburg 1988, 490–503; ders., Sinn und Auftrag kommunitärer Existenz. Thesen zum Selbstverständnis des kommunitären Lebens. In: Th. Hauf/U. Kisken (Hgg.), Siebzig Jahre Hochkirchliche Vereinigung, Bochum 1989, 346–355; ders., Zur Bewertung und Beurteilung von CA 27 aus der Sicht evangelischer Kommunitäten. In: Ders., Kommunitäten und Kirche. Engagement und Zeugnis II (Schwanberger Reihe 19), Rödelsee 1993, 51–57; ders., Engagement und Zeugnis. Christsein in Kommunitäten. Lehrpredigt über CA 27 (Über die Klostergelübde). In: Ders., Kommunitäten und Kirche. Engagement und Zeugnis II (Schwanberger Reihe 19), Rödelsee 1993, 59–67; ferner: W. Hümmer, Bruderschaft als Herausforderung an die Gemeinde, Hünfelden-Gnadenthal 1969; ders., Neue Kirche in Sicht? Vorträge und Betrachtungen, Marburg ²1977; Ch. Joest, Der Protestantismus und die evangelischen Kommunitäten (in diesem Band S. 17–39). Zu den evangelischen Kommunitäten allgemein s. darüber hinaus noch: Ch. Joest, Spiritualität evangelischer Kommunitäten. Altkirchlich-monastische Tradition in evangelischen Kommunitäten von heute, Göttingen 1995; ders., Kommunitäten, Orden, Bruder- und Schwesternschaften, in: Evangelisches Soziallexikon, Neuausgabe Stuttgart 2001, 874–877; ders., Kommunitäten II, Ev., in: LKRR 2 (2019), 984–987; EKD, Verbindlich Leben. Kommunitäten und geistliche Gemeinschaften in der Evangelischen Kirche in Deutschland. Ein Votum des Rates der EKD zur Stärkung evangelischer Spiritualität (EKD-Texte 88), Hannover, Januar 2007.

1. Einheit und Vielfalt christlicher Spiritualität

Christliche Spiritualität[3] ist christliche Existenz und deren praktischer Ausdruck. Sie ist Lebensgestaltung unter der Führung des Geistes Gottes, des *spiritus creator*, nach dem sie genannt ist. Da dieser der *Geist Christi* ist (Römer 8,9; Galater 4,6), bleibt christliche Spiritualität immer auf Christus als den Herrn ausgerichtet, auf eine Person also, und ist wesentlich Beziehung. Von daher lassen sich zwei Elemente benennen, die christlicher Spiritualität von vornherein mit gegeben sind: der Ruf Jesu Christi in seine Nachfolge und die Heilige Schrift als Quelle und Norm dieser Beziehung.

Aufgrund dessen eignet christlicher Spiritualität von Anfang an und unaufgebbar ein subjektives Element: die je persönliche Aneignung und Ausgestaltung der Christusnachfolge durch die einzelnen Gläubigen, das je persönlich konkret gestaltete Glaubensleben. Es geht nicht um Vorschriften, Mahnungen, Anweisungen oder Theologien, sondern um »lebendiges Dasein«, um »gelebtes Christentum«; daher gibt es mit der einen christlichen Spiritualität »zugleich [...] so viele ›Spiritualitäten‹, wie es lebendige Christen gibt«.[4] Was hier vom Einzelnen gesagt ist, gilt nun auch ebenso für Gruppen, Gemeinschaften, Kirchen und Konfessionen, daher auch für Kommunitäten.

Diese Vielfalt und je persönliche Einfärbung von christlicher Spiritualität muss aber nicht eine Zersplitterung bedeuten, einen Pluralismus von unverbunden

---

3 Ausführlich: Ch. Joest, Spiritualität (s. Anm. 2), 31–40; s. auch die dort genannte Literatur.

4 J. Sudbrack, Vom Geheimnis christlicher Spiritualität: Einheit und Vielfalt, Geist und Leben 39 (1966) 24–44, 38.

nebeneinanderstehenden Spiritualitäten. Was alle Gestalten persönlicher und gemeinschaftlicher Ausformungen christlicher Lebensgestaltung verbindet, ist der eine Herr, die eine Heilige Schrift, »ein Leib und ein Geist, ein Glaube, eine Taufe« (Epheser 4,4f.). Letztlich liegt die Dialektik zwischen der *einen* Spiritualität und den *vielen* Spiritualitäten im dreifaltig-einen Leben Gottes selbst begründet, in welchem nach einem Diktum von Gisbert Greshake »Einheit und Vielfalt [...] gleich ursprünglich und gleich wesentlich« sind.⁵

Es gibt also Spiritualitäten (Plural!) evangelischer Kommunitäten, die letztlich nichts anderes sind als je spezifische Ausformungen der *einen* christlichen Spiritualität. Wie es eine je persönliche »Einfärbung« von Spiritualität gibt, so gibt es auch eine *gemeinschaftliche* durch die *körperschaftliche Person* der jeweiligen Kommunität.

2. Wie geschieht Tradition?

Mit dem Stichwort »Tradition« ist ein Thema angedeutet, das seit Jahrhunderten einen kontroverstheologischen Topos zwischen den Konfessionen bildet. Dem kann hier

---

5   Greshake in einem Interview in: Neue Stadt, April 2006, 5, s. auch G. Greshake, An den drei-einen Gott glauben. Ein Schlüssel zum Verstehen, Freiburg u. a. ³2000, bes. 29–37; auch: Ch. Joest, Der dreieinige Gott und die Gemeinschaft der Menschen, Geist und Leben 73 (2000) 132–137; ders., Einheit im dreifaltigen Gott – versöhnte Verschiedenheit unter uns. Mitarbeiterkongress »Miteinander auf dem Weg«, Stuttgart, 10. Mai 2007. Unter Verwendung eines Manuskripts von Dr. Karl-Heinz Michel (†). In: Friedrich Aschoff u. a. (Hgg.), Zuneigung. Christliche Perspektiven für Europa, Hünfelden 2007, 77–84.

nicht im Einzelnen nachgegangen werden.⁶ Ein angemessenes evangelisches Verständnis von Tradition und deren Hineinwirken in das geistliche Leben von Kommunitäten wird sich mit Hilfe von zwölf Grund-Sätzen entfalten lassen:

1. Jesus Christus ist das lebendige Wort Gottes in Person, vgl. Hebräer 1,1–2. Dabei ist unter »Wort« nicht eine rein sprachliche Information zu verstehen. Im biblischen Sinne sind Wort und Tat eins. In Jesus von Nazareth, seiner Person und seinem Schicksal, in seinen Worten und Taten begegnet Gott dem Menschen so, dass er darin einen Anruf verspürt, der ihn zur existenziellen Antwort herausfordert.

2. Jesus Christus wurde »um unserer Sünde willen dahingegeben (*traditus est*, παρεδόθη) und um unserer Rechtfertigung willen auferweckt« (Römer 4,25). Gott hat ihn »für uns alle dahingegeben (*tradidit*, παρέδωκεν)« (Römer 8,32a). Jesus Christus ist also die »Ursprungs-Überlieferung« des Vaters an die Menschen zum Heil der Welt.

3. Indem Gott seinen Sohn den Menschen »überliefert«, offenbart er darin zugleich seine Liebe – »wie sollte er uns in ihm nicht alles schenken?« (Römer 8,32b). »Überlieferung« (*traditio*) ist also im Kern Selbstoffenbarung Gottes. Und Offenbarung ist im Kern Selbsterschließung Gottes, Selbstübergabe Gottes an den Menschen in Jesus Christus.

4. Die Verkündigung der Apostel und der jungen Gemeinde erfolgte unter der Voraussetzung, dass in ihrem Zeugnis durch den Heiligen Geist den Hörern

---

6 Für diesen Abschnitt vgl. Ch. Joest, Spiritualität (s. Anm. 2), 67–86. Dort auch weitere Literaturhinweise.

dieselbe Gottesbegegnung in Jesus Christus widerfährt, die sie bezeugen. Sie ist also nicht nur Wort über Gott, sondern zugleich *Gottes eigenes Wort,* vgl. 2. Korinther 5,20: »Gott ermahnt durch uns […]«.
5. Diese fortlaufende aktuelle Selbstoffenbarung Gottes ist aber bleibend gebunden an Gottes Offenbarung in dem geschichtlichen Jesus von Nazareth und seinem Geschick. Darum muss diese Urbotschaft von Gott in Jesus und seiner Geschichte festgehalten werden. Deshalb erinnert Paulus die Korinther daran, dass er ihnen weiter gegeben hat (*tradidi*, παρέδωκα), was er selbst empfangen hatte, nämlich Tod und Auferstehung Christi, und dass sie daran festhalten müssen, »es sei denn, dass ihr umsonst gläubig geworden wäret« (1. Korinther 15,2–3).
6. Zusammengefasst erscheint das Bisherige im Anfang des 1. Johannesbriefes und erreicht dort im letzten Satz erneut eine Zuspitzung auf die darin sich ereignende aktuelle Gemeinschaft mit Gott: »Was von Anfang an war, was wir gehört haben, was wir gesehen haben mit unseren Augen, was wir betrachtet und mit unseren Händen betastet haben […], das verkündigen wir euch, damit auch ihr mit uns Gemeinschaft habt; und unsere Gemeinschaft ist mit dem Vater und seinem Sohn Jesus Christus« (1. Johannes 1,1.3).
7. Diese unter 5. und 6. zitierten Sätze stehen bereits in schriftlichen Dokumenten. Soll nämlich der Inhalt dieser apostolischen Überlieferung in seiner Identität durch die Geschichte hin bewahrt bleiben, muss er eine irgendwie bleibende äußere Gestalt gewinnen. Das ist der Sinn der Verschriftlichung: »Diese (Zeichen Jesu) aber sind geschrieben worden, damit ihr glaubt, dass Jesus der Christus ist, der Sohn Gottes,

und damit ihr durch den Glauben das Leben habt in seinem Namen« (Johannes 20,31). Es gilt freilich, dass erst der lebendige Gott den Buchstaben vermöge des im Geiste gegenwärtigen und wirkenden Herrn zur lebendigen Anrede macht.

8. Auf diese Weise drängt die Botschaft von Jesus Christus mit einer ihr innewohnenden Dynamik zu immer neuen Verwirklichungsgestalten, wobei darin natürlich auch die zufälligen geschichtlichen Verstehenshorizonte der Menschen, ihre Einrichtungen und Lebensäußerungen mit eingehen. Das Wort wird immer neu Fleisch. Dieser Doppelcharakter betrifft das ganze Leben der Kirche.

9. Dieselbe Dialektik betrifft auch das Verhältnis von *Schrift und Tradition*. Man kann ihr weder dadurch entgehen, dass auf *fundamentalistische* Weise äußere Wortgestalt und lebendiges Gotteswort absolut identifiziert werden, noch dadurch, dass man *spiritualisierend* äußere Wortgestalt und Gotteswort absolut voneinander abhebt. Beides liegt ineinander, theoretisch unterscheidbar, aber praktisch nicht trennbar.

10. Protestantische Christen kommen immer schon von einem mehr oder weniger radikalen *Traditionsabbruch* her. Wenn sie mit monastischen Traditionen in Berührung kommen, dann sind das notwendig einzelne Ausschnitte, wie sich das zufällig und durch persönliche Lebensführungen und Begegnungen eben so ergibt.

11. Evangelische Christen, auch solche, die zölibatär und kommunitär leben, suchen die personale Kommunikation mit Gott in Jesus Christus *zuerst* in der Heiligen Schrift. Damit beweisen sie ihre Verwurzelung in ihrer evangelischen Kirche. Durch die Schrift aber

vollzieht sich die Selbstübergabe Gottes an die Menschen in Jesus Christus durch den Heiligen Geist, wie oben gezeigt. Das ist Überlieferung im »feuerflüssigen Kern«, und alle Tradition muss darauf bezogen sein.
12. Ginge es allein darum, hätte eine Befruchtung evangelischer Spiritualität durch die monastische Tradition nicht stattfinden müssen und auch nicht *können*. Es kann sich also nicht um irgendwelche abseitigen »Zusatzfündlein« handeln, wenn denn die Befruchtung echt sein soll. Vielmehr steht das, was da entdeckt worden ist, in einem inneren Zusammenhang mit dem »feuerflüssigen Kern«. Durch die – notwendigerweise auch zeitbedingten – Überlieferungsgestalten wird ja der Herr in der Welt gegenwärtig erfahrbar (oder verdeckt: diese Kehrseite ist nicht zu übersehen). In irgendeiner Weise hat aber bei den Kommunitäten durch solche Überlieferungsgestalten in ganz unterschiedlichen Kontexten und auf je sehr verschiedene Art eine echte *In-spiration* stattgefunden, d. h. eine Berührung durch den Heiligen Geist. Inspiration kann »den Charakter eines Rufes haben […], der mit einem normativen Anspruch an den Menschen herantritt«.[7] Es geht also bei der Bezugnahme von Kommunitäten auf »monastische Wurzeln« immer um *Nachfolge*, nicht um *Nachahmung*. Elemente monastischer Tradition müssen daher immer in einem inneren Zusammenhang mit der Inspiration und Berufung der jeweiligen Kommunität stehen und als solche verstehbar werden können.

---

7 G. Krüger, Lebensformen christlicher Gemeinschaften. Eine pädagogische Analyse (BPTh 7), Heidelberg 1969, 77.

3. Elemente monastischer Tradition in der Spiritualität einiger ausgewählter evangelischer Kommunitäten

Die Selbstmitteilung Gottes erfolgt immer nur in geschichtlichen Konkretionen. Dass sie für unterschiedliche Kommunitäten stets an ein und derselben Stelle erfolgen soll, kann nicht sinnvollerweise erwartet werden. Daher entsteht mit Notwendigkeit der Eindruck von Willkür in der »Auswahl« der monastischen Anknüpfungspunkte. Der Eindruck ist aber vordergründig und daher falsch.

Der Kern des Geschehens liegt in der Selbstmitteilung Gottes, die im Fragment einer geschichtlichen Verwirklichungsgestalt als Ruf in die Nachfolge Christi erfahren wird, und zwar mit unbedingtem Anspruch. Die geschichtliche Gestalt als solche mag dabei in systematischer Hinsicht als zweitrangig erscheinen, auf der Erfahrungsebene ist sie es aber keineswegs. Denn gerade *in dieser Gestalt* wird die Begegnung mit dem lebendigen Gott erfahren, die zur Antwort herausfordert. Insofern gehört die Gestalt untrennbar zum Anruf hinzu, weil er ohne sie nicht erfahren werden könnte. Dann aber liegt gerade *kein* willkürliches Auswählen nach persönlichem Geschmack vor.

Es gibt allerdings noch andere Wege, die eine Bezugnahme von Kommunitäten auf monastische Wurzeln hervorbringen. Was soeben geschildert wurde, könnte man ein *Berufungserlebnis* in der Begegnung mit einer konkreten Gestalt monastischen Lebens nennen; es ist besonders typisch für die *Communität Casteller Ring*. Es ist aber auch möglich, dass *unbewusste Anklänge* entstehen, weil beide, das alte Mönchtum und die heutigen Kommunitäten, sich auf dieselbe Sache beziehen (z. B. auf das Vorbild der Jerusalemer Urgemeinde nach Apostelgeschichte 2 und 4); später mag das dann entdeckt und bewusst reflektiert werden, wie es beispielsweise in der *Jesus-Bruderschaft* der Fall ist. Daneben gibt es das Phänomen einer *verwandten Geistigkeit*, die auch oft erst im Nachhinein tiefer reflektiert wurde, wie bei der *Communität Christusbruderschaft*. Schließlich lässt sich zeigen, dass ähnliche Verhaltensweisen oder Einrichtungen heute wie damals bzw. diesseits wie jenseits der Konfessionsgrenzen bestehen, und das einfach deshalb, weil gewisse Dinge schlicht hilfreich sind, wenn man zölibatär gemeinsam lebt, so dass jede Generation, wenn sie aufmerksam ist, sie wieder neu »erfinden« kann und muss. Dazu gehören etwa gemeinsame Gebetszeiten und in Ergänzung dazu das persönliche Gebet des/der Einzelnen, die Regelung der Arbeit, eine Form von verbindlicher Festlegung (Gelübde oder Versprechen), die Auseinandersetzung mit den »Evangelischen Räten« Armut, Keuschheit und Gehorsam (die in einzelnen Gemeinschaften sehr unterschiedlich benannt werden können, aber fast überall in der einen oder anderen Form präsent sind), die Regelung von Gemeineigentum und die Frage nach gemeinsamer Kleidung (Tracht, Habit), um nur die wichtigsten zu nennen. Diese Themen sollen hier nicht weiter verfolgt werden.[8] Vielmehr möchte ich auf den folgenden Seiten

---

8 Siehe dazu Ch. Joest, Spiritualität (s. Anm. 2), 125–232; ders., Art. »Gelübde«, in: ELThG² 2 (2019) 393–394; ders., Art. »Gelübde I«, LKRR 2 (2019) 158–159; Profess und Kirche. Theologische Reflexionen evangelischer Kommunitäten, una sancta 34 (1979), 93–95.

einzelne Kommunitäten mit ihrer je spezifischen Anknüpfung bei der monastischen Spiritualität vorstellen.

3.1 Die Communität Casteller Ring: eine evangelische Ordensgemeinschaft im benediktinischen Geist

Die Communität Casteller Ring ist *das* klassische Beispiel für die Befruchtung einer evangelischen Gemeinschaft durch das Mönchtum, hier: das Benediktinertum, hat sie doch genau in den Jahren ihrer Entstehung von dort her wesentliche Impulse empfangen, die ihre weitere Ausrichtung prägten.[9] Geistlicher Hintergrund der Gründerin, der späteren »Mater« Felizitas Christel Schmid (1892–1970), war zunächst das Luthertum in seiner besonderen, von Wilhelm Löhe (1802–1872) geprägten Neuendettelsauer Ausformung, aber auch die Jugendbewegung und das Pfadfindertum der zwanziger und dreißiger Jahre des letzten Jahrhunderts, sowie die beginnende Liturgische Erneuerung in der Lutherischen Kirche.[10] In einem Kreis von jungen Frauen unter ihrer Führung brach ein Fragen nach ganzer Hingabe des Lebens an Gott auf, zweckfrei nur für ihn und sein Reich da zu sein. Die Zeit zwang zu radikalen Fragen und zu radikalen Lösungen.

---

9 Zur Entstehung, Gestalt und Anliegen der Communität Casteller Ring vgl. Ch. Joest, Spiritualität (s. Anm. 2), 235–269. Die Angaben zur aktuellen Gestalt der Communität sind zwar inzwischen veraltet, aber Entstehung und Anliegen haben sich nicht verändert.

10 Communität Casteller Ring (Hg.), Zweckfreies Sein vor Gott, oder: »Ich möchte so gerne Mut machen«. Skizzen zum Leben von Christel Felizitas Schmid von Sr. Katharina Klara Schridde CCR, Münsterschwarzach 2003, 10–22.

Maria Scholastica Pfister (1923–2001), die erste Priorin der Communität nach der Gründerin, schrieb:

»Wir, das war eine Gruppe junger Mädchen mit unserer Jugendführerin Christel Schmid, die später unsere Mater Felizitas wurde. In dieser Gruppe brannte ein Sehnen nach Gemeinschaft, nach der Möglichkeit, Reich Gottes zu bauen, nach verbindlichem geistlichem Leben. Es waren Jahre eines großen Aufbruchs, neuer Entdeckungen und Erfahrungen, die wir zwischen 1945 und 1950 erlebten. Gott schickte uns einen evangelischen Theologieprofessor,[11] der uns in unvergesslichen Einkehrtagen das Geheimnis des Leibes Christi aus dem Epheser- und Kolosserbrief erschloss. Diese Stunden brannten sich uns ins Herz und brachten eine Bewegung in Gang, die uns bis heute begleitet. Wie von selbst und folgerichtig wuchs daraus die Einsicht und bald darauf die Erfahrung, dass die Gliedschaft am Leibe Christi nirgends sichtbarer, erfahrbarer, durch alle Sinne wahrnehmbarer wird als im Sakrament des Altars. [...] Es konnte nicht ausbleiben, dass wir Sehnsucht bekamen, dieses Leibgeheimnis auch im Alltag miteinander zu leben. Über einen Mönch der Benediktinerabtei Münsterschwarzach[12] sprang der benediktinische Funke auf uns über und hat uns seitdem nicht mehr verlassen. Fanden wir doch in diesem Lebensentwurf, in der Liebe zum Gottesdienst, in der Eucharistie und um sie herum im Kranz der Stundengebete, verbunden mit einem Leben der völligen Verfügbarkeit, unsere eigene Berufung wieder (!).«[13]

---

11 Es handelte sich um Eduard Ellwein (1898–1974) aus Neuendettelsau.
12 Dies war P. Theophil Lamm OSB.
13 M. Pfister, Eucharistie – Feier der Gemeinschaft und des Festes. In: Johannes Halkenhäuser (Hg.), Abenteuer mit Gott. 40 Jahre

Und an anderer Stelle bekannte sie: »Diese Begegnung (sc. mit dem Benediktinertum, Ch. J.) widerfuhr uns zu einer Zeit, in der der Kairos, der ›Stundenschlag‹ Gottes, über uns stand. Es war für uns *die* Stunde. [...] Damals formte mich das, was wir heute noch als Proprium unserer Berufung ansehen.«[14]

Zunächst bedeutete das die Übernahme von vier Horen aus dem »Stundengebet der Kirche«.[15] Das geschah im Bund christlicher Pfadfinderinnen, in dessen Mitte sich der Gedanke eines evangelischen Ordens bereits zu entwickeln begonnen hatte. Der nächste Schritt ergab sich am Ende einer Retraite mit P. Theophil: Sie mündete in eine professartige Festlegung, das sogenannte »Fiat«, allerdings erst einmal für ein Jahr und regelmäßig zu erneuern.[16] Der 26. Januar 1950 brachte den entscheidenden Einschnitt, als Maria Pfister sich entschloss, bei Christel Schmid einzuziehen. Damit war der Grundstein für das gemeinsame Leben gelegt, und die Horen wurden zum Stundengebet einer Lebensgemeinschaft nach benediktinischem Muster.[17]

Communität Casteller Ring (Schwanberger Reihe 15), Schloss Schwanberg 1989, 7–25, hier: 9–10.
14 M. Pfister, Die Bedeutung St. Benedikts für die Communität Casteller Ring. In: Dies., Zeuge sein aus Existenz. Worte an meine Schwestern (Schwanberger Reihe 7), Schloss Schwanberg 1981, 67–70, hier: 68; Hervorhebung im Original. Ausführlicher: Communität Casteller Ring, Zweckfreies Sein (s. Anm. 10), 22–34.
15 Communität Casteller Ring, Zweckfreies Sein (s. Anm. 10), 25.
16 Text: siehe Priorin Edith Therese Krug mit den Schwestern der Communität Casteller Ring (Hg.), Herkunft ist Zukunft. 50 Jahre Communität Casteller Ring, Münsterschwarzach 2000, 10. Vgl. auch Communität Casteller Ring, Zweckfreies Sein (s. Anm. 10), 27f.
17 Communität Casteller Ring, Zweckfreies Sein (s. Anm. 10), 29–31.

Bis heute prägen die Stundengebete, gestaltet nach dem Benediktinischen Antiphonale, das in Münsterschwarzach herausgegeben wird, das Leben auf dem Schwanberg. Bei der Amtseinführung der neuen Priorin lautet eine der Fragen, die der bayrische Landesbischof an die Kandidatin richtet: »Sind Sie bereit, die Communität Casteller Ring nach den Ordnungen dieser Gemeinschaft im Geiste der Benediktinischen Regel zu leiten?« Dass die *Regula Benedicti* das Leben auf dem Schwanberg nach wie vor bestimmt, zeigen Ausführungen unter den Titeln »Herkunft ist Zukunft«, »Wie der Abt sein soll« (vgl. *RB* 2), »Die Zuteilung des Notwendigen« (vgl. *RB* 34) oder: »Monastischer Gehorsam zwischen Phantasie und Wirklichkeit«[18], »Freiheit in der Benediktusregel«, »Kampf bei Benedikt«, »Dem Leben zuliebe« und schließlich »Unter der Führung des Evangeliums«, vgl. *RB* Prolog 21.[19] Man könnte noch viele Artikel und Beiträge aus früheren Jahrzehnten nennen, aber die Aktualität der gerade zitierten zeigt, dass die benediktinische Prägung der Communität Casteller Ring durchgetragen hat und in das Herz ihrer Berufung eingeschrieben ist. Das Leitbild der Communität vom 4. November 1998 sagt denn auch ganz klar: »Die Communität Casteller Ring ist eine Gemeinschaft von Frauen, die in der Evangelisch-Lutherischen Kirche als Ordensgemeinschaft im Geist der Regel des hl. Benedikt (RB) lebt.«[20]

---

18 Communität Casteller Ring (Hg.), Sesshaft werden – Pilger bleiben, Münsterschwarzach o. J. (2002), 7–10.12–16.18–22.24–27.
19 Communität Casteller Ring (Hg.), Wurzeln schlagen – Frucht bringen, Münsterschwarzach 2008, 11–13.14–15.17–19.25.
20 Faltblatt, auch abgedruckt in: Priorin Edith Therese Krug (s. Anm. 16), 51–53. Ein früheres Faltblatt von 1958 erwähnt

Dass diese Bezugnahmen nicht nur äußerlich sind, zeigt sich am Geist, an der Haltung, in dem bzw. in der die Ordensfrauen auf dem Schwanberg leben. »Frei für Gott und das Kommen seines Reiches« war eines ihrer Leitworte. Darin klingt das tief verinnerlichte Motiv an, zweckfrei für Gott da zu sein, das schon bei der Gründung der Communität wirksam war. Heute lautet ein Leitmotiv so: »[…] in allem Gott suchen, Christus nichts vorziehen, das Leben unter der Führung des Evangeliums gestalten«.[21] Benediktinischer geht es nicht, und zugleich ist das ganz »evangelisch« in jedem Sinne des Wortes.

Dass die Communität seit 1987 Mitglied in der Vereinigung der Benediktinerinnen im deutschen Sprachraum (VBD) ist und zu den gemeinsamen Tagungen der Äbtissinnen und Priorinnen, der der Noviziate, der Cellerare, der Infirmare usw. eingeladen wird, vervollständigt das Bild und zeigt, dass auch die Benediktiner ihrerseits in der Communität Casteller Ring ihre eigene »Blutgruppe« entdeckt haben.

Mag die Communität Casteller Ring in der Eindeutigkeit und Direktheit ihrer Bezugnahme auf Benedikt ein gewisser Sonderfall sein, so ist doch nicht zu übersehen, dass sich auch in anderen evangelischen Kommunitäten benediktinische Elemente finden. So steht im Briefkopf der Evangelischen Lukas-Communität in Hannover und Bergen-Belau als Untertitel: »Benediktinisches Kloster«. –

---

die benediktinische Ausrichtung noch nicht, erläutert aber die wesentlichen Eckpfeiler wie Stundengebet, Eucharistie, Evangelische Räte, Wechsel von Gebet und Arbeit. Wahrscheinlich war damals in der evangelischen Christenheit die Zeit noch nicht reif für ein Bekenntnis zu dem großen Ordensgründer (wieder abgedruckt in: Priorin Edith Therese Krug [s. Anm. 16], 19–20).

21 Faltblatt, wie Anm. 20.

Die Gethsemane-Bruderschaft in Riechenberg bei Goslar hat sich für ihre gemeinsam gehaltenen Stundengebete den benediktinischen Horen angeschlossen und sich ein nach benediktinischem Muster geschnittenes weißes Habit zugelegt. – Und wer die »Quellen von Taizé« studiert, die von Roger Schutz verfasste Regel der Gemeinschaft, wird die Anklänge an die *Regula Benedicti* nicht übersehen können, man vergleiche z. B. das Kapitel »Der Bruderrat«[22] mit *RB* 3. Dasselbe gilt für die Regel der Christusbruderschaft Selbitz.[23]

3.2 Die Jesus-Bruderschaft, Pachom und die Zisterzienser

Im Gegensatz zu den Gründerinnen der Communität Casteller Ring hatten die ersten Geschwister der werdenden Jesus-Bruderschaft[24] alles andere als ein monastisches Leben im Sinn. Hier greift vielmehr das zweite Modell, wie Tradition wirksam werden kann, nämlich durch ähnliche Erkenntnisse und Entdeckungen, die erst im Nachhinein durchscheinend werden auf geschichtliche Vorbilder hin. Was die Geschwister allerdings mit der Gruppe von Frauen, von denen im vorigen Abschnitt die Rede war, verbindet, ist die radikale Hingabe an Jesus Chris-

---

22 Frère Roger, Die Quellen von Taizé, Taizé 1980, 21–22.
23 Man vergleiche Christusbruderschaft, Regel. Communität Christusbruderschaft Selbitz, Selbitz 1999, 23, mit *RB* 58,7; ebd. 24 mit *RB* 63,10–12; ebd. 30 mit *RB* 36.37.53; ebd. 32 mit *RB* 2 u. 3; ebd. 33 mit *RB* 2,34 u. 64,7.
24 Zur Jesus-Bruderschaft vgl. Ch. Joest, Die Entstehung von Kommunitäten in den Kirchen der Reformation, in diesem Band S. 66–105, allerdings unter dem eingeschränkten Gesichtspunkt der unterschiedlichen Phänotypen verbindlichen transparochialen geistlichen Lebens, die in ihr zum Ausdruck kommen.

tus und die Sehnsucht, ihm allein zu dienen. »Gott rief Abraham und er antwortete: ›Hier bin ich, Herr!‹ Auf das ›Hier bin ich, Herr‹ kommt es an. Gott ruft und wir sollen ihm uns zur Verfügung stellen.«[25] – »Die Bruderschaft ist eine Gemeinschaft junger Menschen, die sich ganz entschieden auf die Seite Jesu Christi gestellt haben.«[26]

Der geistliche Hintergrund der ersten Brüder und Schwestern ist im Pietismus und in der Gemeinschaftsbewegung zu suchen. Das bedeutet: eine persönliche Jesus-Liebe, Leben aus und mit der Heiligen Schrift, gemeinsames freies Gebet, Zeugnis vom eigenen Glauben und für Jesus Christus. Zunächst entstand durch persönliche Kontakte und die Initiative einzelner eine Jugendbewegung, die in den Jahren 1955 bis 1957 in Sommerfreizeiten zwischen 50 und 100 Schüler und Schülerinnen aus West- und Ostdeutschland sammelte. Schon bald wird notiert: »Aus unseren Begegnungen kommt nun die Frage, ob denn nach solchen erhebenden und gesegneten Tagen wieder alles in sein altes Gleis fahren sollte […]. Es ist mehr, was uns bindet. Es ist der gemeinsame Auftrag des erhöhten Herrn. […] Vielen von uns drängt sich der Gedanke auf, dass wir eine Bruderschaft geworden sind und als solche zusammengehören.«[27] Im Rückblick

---

25 Tagebuchnotiz vom 8. August 1957; privates Archiv beim Brüderzweig der Jesus-Bruderschaft.
26 Brief vom 16. August 1957 von Christian Lange an Gerhard Rötting; wie Anm. 25.
27 Undatierter Maschinendurchschlag (zwischen 16. und 24. August 1957); wie Anm. 25. – Da der Kreis Männer und Frauen umfasste, ist deutlich, dass der Ausdruck »Bruderschaft« nicht in einem geschlechtlichen Sinne gebraucht wird; vielmehr ist es ein Kollektivbegriff für eine tiefere verbindliche Gemeinschaft. In den fünfziger Jahren des vorigen Jahrhunderts war die Sensibilität für die Einseitigkeit mancher Ausdrücke der deutschen Sprache noch nicht entwickelt.

auf jene Anfangszeiten wurde immer gesagt: »Die ersten Christen haben doch ganz anders gelebt; die *blieben zusammen*.«[28] Die Anspielung auf das vierfache »Bleiben« der Jerusalemer Urgemeinde von Apostelgeschichte 2,42 ist nicht zu überhören. Daraus entstand als Erstes eine Gemeinschaft von zerstreut lebenden jungen Männern und Frauen, die sich durch die Verpflichtung zum Gebet füreinander verbunden wussten und diese Verbindung durch einen goldenen Ring mit eingravierter Dornenkrone zum Ausdruck brachten, den sie alle trugen.[29]

Doch dabei konnte es nicht bleiben, wenn das Urbild der ersten Christen wirklich anziehend war. Schon 1957 heißt es: »Den Abschluss bildete heute eine Diskussion über unser geplantes Freizeitenheim.«[30] Wenn das auch ursprünglich anders gemeint war, so ist daraus doch letzten Endes ein Haus für das gemeinsame Leben geworden, zunächst nur der ledigen Brüder, die am 21. Oktober 1961 in Ostfriesland einen gemeinsamen Haushalt begannen. Die Schwestern folgten 1964 in Ludwigshafen, wohin die Brüder im Jahr zuvor gezogen waren. Zugleich stellten sich junge Familien und Ehepaare ein, die das gemeinsame Leben in urchristlicher Radikalität auch für sich als anziehend empfanden. 1968 ging daraus der Familienzweig der Jesus-Bruderschaft hervor.

---

28 Persönliche Erinnerung des Autors.
29 Undatiertes Manuskript: »Was ist Bruderschaft?«, entstanden zwischen 1957 und 1959; privates Archiv beim Brüderzweig der Jesus-Bruderschaft. Den Ring mit der Dornenkrone tragen die zölibatären Schwestern und Brüder der Jesus-Bruderschaft im Unterschied zu den verheirateten Mitgliedern bis heute.
30 Tagebuchnotiz vom 7. August 1957; privates Archiv beim Brüderzweig der Jesus-Bruderschaft.

Allerdings machten die ersten Brüder und dann auch die Schwestern bald die Erfahrung, dass regelmäßiges Gebet im Tageslauf sich nicht nur auf die freien Formulierungen der Einzelnen abstützen kann, weil einem dann schnell die Worte fehlen oder immer nur dasselbe gebetet wird. So suchten sie nach dem Gebet der Kirche, zuallererst in den Psalmen und von dort aus auch in den liturgischen Schätzen anderer Gemeinschaften. Die Tageszeitgebete der Jesus-Bruderschaft entstanden. Ohne dass es die Geschwister in dieser Weise reflektiert hätten, ergaben sich monastische Formen, den Tag zu rhythmisieren, einfach weil es die Lebensgestalt von selbst erforderte. So verwirklichte sich das »beständige Bleiben im Gebet« von Apostelgeschichte 2,42. Auch die Gütergemeinschaft der Geschwister spiegelte das Leben der Urgemeinde, vgl. Apostelgeschichte 4,32–35. Während also die Jesus-Bruderschaft auf diese Weise tastend ihren Weg suchte und dabei nicht nach historischen Vorbildern fragte, stellten sich doch Lebensweisen und -formen ein, die es früher schon und auch gegenwärtig anderswo bereits gab und gegeben hatte.

1969 erwarb die Gemeinschaft einen Bauernhof in Gnadenthal nahe Limburg/Lahn.[31] Es war dies aber nicht ein gewöhnliches Dorf, sondern ein früheres Zisterzienserinnenkloster. Im Dreißigjährigen Krieg aufgelöst, diente es lange Zeit als staatliches Hofgut, die Kirche wurde zum Stall umfunktioniert. Anfang der dreißiger

---

31 Für das Folgende s. auch: Ch. Joest, Warum leben wir aus der Geschichte? In: Jesus-Bruderschaft (Hg.), Orte der Hoffnung, Hünfelden 1995, 7–33, hier: 27–33; ders., Im Dialog mit der Geschichte. Die Spiritualität einer evangelisch-ökumenischen Kommunität, in: Erneuerung in Kirche und Gesellschaft 71 II (1997), 31.

Jahre des letzten Jahrhunderts zerschlug man die Einheit der Anlage und machte ein Erbhofdorf daraus. Was die Gemeinschaft 1969 erworben hatte, war die eine Hälfte des ehemaligen Klosters. 1984 wurde ihr auch der zweite Teil zum Kauf angeboten. Erst da – und durch die Erkenntnis, dass 1985 das 750-jährige Jubiläum des Klosters anstand – begann sich die Jesus-Bruderschaft zu fragen, wer oder was die Zisterzienser eigentlich waren, wie sie lebten und was sie wollten. Das war früher nie Thema gewesen, obwohl das Wissen, an einem ehemals klösterlichen Ort gelandet zu sein, durchaus da war.

Bei allen Unterschieden zwischen den frühen Zisterziensern und der Jesus-Bruderschaft ließen sich doch gemeinsame Züge finden, und zwar durchaus im Wesentlichen: Neben dem gemeinsamen Leben der Zisterzienser nach der Benediktsregel, die ja auch auf Apostelgeschichte 2 und 4 rekurriert (vgl. *RB* Prolog 50), waren da vor allem die *Bibelfrömmigkeit* und die *Jesusfrömmigkeit*, die beide verbanden. *Gerade* Jesus als der Menschgewordene begeisterte Bernhard von Clairvaux (1091–1153), den großen Inspirator des damals noch jungen Ordens, ebenso wie die Gnadenthaler Brüder und Schwestern.

Aber das war noch nicht alles. Ab der Mitte der achtziger Jahre des vorigen Jahrhunderts entstand in Gnadenthal durch die Zusammenlegung verschiedener Einzelhöfe wieder ein Ganzes, das als »brüderliche Dorfgemeinschaft« gestaltet wurde. Alte Häuser wurden renoviert, das klösterliche Ensemble wieder sichtbar und erfahrbar gemacht, eine ökologische Landwirtschaft wurde aufgebaut, verschiedene Wirtschaftsbetriebe entstanden. Dann wurde der Jesus-Bruderschaft bewusst, dass die Zisterzienser nicht nur die Bibel gelesen und gebetet haben, sondern dass sie auch kulturschaffend tätig waren. Sie haben den entstehenden gotischen Baustil deutlich beeinflusst und mit gestaltet, sie haben Landwirtschaft betrieben, sie waren innovativ in der Wasser- und Abwasserwirtschaft. Baukultur, Lebenskultur und Agrikultur – das stand den Gnadenthalern plötzlich vor Augen als verbindend mit den alten Zisterziensern. Dazu kam, dass Geschwister der Jesus-Bruderschaft seit den frühen siebziger Jahren in Latrun/Israel Gäste der dortigen Trappisten waren – und Trappisten sind Reform-Zisterzienser – und dass sie Anfang der neunziger Jahre nach Volkenroda gerufen wurden, einer der ältesten Zisterziensergründungen auf deutschem Boden. Irgendwie war da wohl die Führung Gottes mit im Spiel.

Und dann machten sie eines Tages eine noch viel weiter reichende Entdeckung: Eine »brüderliche Dorfgemeinschaft« hatte es schon längst einmal gegeben, damals, als im 4. Jahrhundert in Oberägypten durch Pachom (287–347) das gemeinsame Leben von Brüdern (und dann auch Schwestern) nach dem Vorbild der Urgemeinde gegründet wurde.[32] Theologiestudenten lernen meistens, dass damals die ersten Klöster entstanden, aber in Wirklichkeit handelte es sich um Brüderdörfer mit verschiedenen Handwerken, später auch Viehhaltung und Landwirtschaft, und mit einer geistlichen Lebensstruktur. Apostelgeschichte 4,32 und das gemeinsame Leben der Apostel und der ersten Christen war für Pachom ein deutlicher Bezugspunkt, ebenso wie das Wort aus Hebräer 13,16: »Gutes zu tun und mit anderen zu

---

32 Ch. Joest, Spiritualität (s. Anm. 2), Warum leben wir aus der Geschichte? (s. Anm. 31), 97–124; ders., 1995b, 21–27; ders., Das Vorbild der Urgemeinde. Ägyptisches Mönchtum und evangelische Kommunitäten als Täter des Wortes, Ökumenische Rundschau 45 (1996), 186–193.

teilen vergesst nicht, denn solche Opfer gefallen Gott.«
Bruderliebe war für ihn die Begründung der Askese. Seine Gemeinschaft nannte er »*Koinonia*«, und er hielt ihr Leben für anspruchsvoller als die Lebensweise der Eremiten. Durch eine frühe Form der Gruppenpädagogik gelang es Pachom, seine große und wachsende Gemeinschaft mit dem biblischen Wort zu durchdringen.[33]

So entdeckte die Jesus-Bruderschaft zu ihrer eigenen Überraschung, welch vielfältige Bezugnahmen zwischen ihrem Leben und der monastischen Tradition möglich waren, die nirgendwo und zu keiner Zeit bewusst angezielt worden wären. Sie stellten sich einfach ein, indem das geistliche Leben den äußeren Möglichkeiten und Gegebenheiten gemäß konsequent gestaltet wurde.

3.3 Franz von Assisi und die Christusbruderschaft Selbitz

Auch das Werden der Christusbruderschaft war nicht zuerst von monastischen Vorbildern her angeregt. Über den Werdegang der Gründer Walter und Hanna Hümmer und die Wurzeln der »Selbitzer Spiritualität« zunächst im Luthertum, bei Wilhelm Löhe, im Pietismus, in der Jugendbewegung und in der Oxford-Gruppenbewegung habe ich andernorts bereits berichtet.[34] Es ist ein Phänomen ganz eigener Art, dass sich zu Aussprüchen von Hanna Hümmer mühelos entsprechende Apophthegmen der alten ägyptischen Wüstenväter an die Seite

---

33 Zu Pachom, seinem Leben und Wirken, s. Ch. Joest (Hg.), Das Leben des hl. Pachom und seiner Nachfolger. Aus dem Kopt. übers. v. Ch. J. (Weisungen der Väter 24), Beuron 2016, 64f., 67f., 91.
34 Ch. Joest, Spiritualität (s. Anm. 2), 309–319.327–329.

stellen lassen.³⁵ Hier liegt nicht Anknüpfung oder Nachahmung vor, sondern eine verwandte Geistigkeit, die in der radikalen Ganzhingabe des Lebens an Christus zum Ausdruck kommt. Anklänge an die Sprache der Mystiker sind dagegen durchaus auch aus der Beschäftigung mit deren Schriften erwachsen.³⁶

Hier soll es aber um eine andere Wurzel gehen, die bisher noch nicht beschrieben worden ist: um den *franziskanischen* Geist in der Christusbruderschaft. Im Selbitzer Archiv findet sich folgende Notiz:

»Das Pfarrhaus in Schwarzenbach (der ersten Pfarrstelle von Walter Hümmer, Ch. J.) war vorzeiten eine franziskanische Niederlassung. Ist es nicht etwas Geheimnisvolles, dass Jahrhunderte später am gleichen Ort eine evangelische Communität entsteht, die sich der franziskanischen Spiritualität verwandt erlebt? Pfarrer Hümmer schreibt in der Gründungszeit an Oberkirchenrat Riedel. ›Heißt geistliche Existenz heute nicht: Nachfolge!? Will nicht Franz von Assisi heute der Christenheit etwas nahelegen?‹ und in einem anderen Brief: ›Wir sind ein Pflänzchen sui generis [...]. Es sollen wohl meist wandernde Brüder sein, keine kleinen kirchlichen Beamten, sondern mehr Brüder im franziskanischen Stil.‹ So fügt Walter Hümmer dem ersten Entwurf der Wesenszüge der Christusbruderschaft ein Gebet von Franz von Assisi an: ›Allmächtiger, ewiger, gerechter und barmherziger Gott, lass uns Elenden um Deinetwillen das tun, was Du willst, und immer das wollen, was Dir wohlgefällt, auf dass wir, innerlich gereinigt, erleuchtet und entflammt vom Heiligen Geist den Fußspuren Deines Sohnes, unseres Herrn Jesu Chris-

---

35 Ebd. 331–334.
36 Ebd. 330.

ti folgen können und zu Dir, dem Allerhöchsten, allein durch Deine Gnade gelangen.‹«[37]

Hier lassen sich nun viele Beobachtungen zusammentragen, die eine solche Charakterisierung untermauern und die verwandte Geistigkeit belegen. Rein äußerlich gehören dazu vor allem zwei Details der Schwesterntracht, so z. B. das Kreuz, das die Schwestern tragen: Es zeigt in der Kreuzung der Balken »das Gott hingegebene Herz«, umgeben von einem Dornenkranz.[38] Das Zeichen als solches ist bei Franz von Assisi nicht vorgebildet, aber seine Elemente sind durch und durch von franziskanischem Geist durchdrungen. Ferner tragen die Schwestern anstelle eines Gürtels eine Kordel mit drei Knoten am Ende. Sollen diese Knoten bei den Franziskanern an die drei Evangelischen Räte Armut, Keuschheit und Gehorsam erinnern, so bedeuten sie bei den Selbitzer Schwestern den Dreiklang von Leiturgia, Martyria und Diakonia.[39] Doch allein schon der Gedanke, drei grundlegende Begriffe der eigenen Spiritualität in einer geknoteten und um den Leib getragenen Kordel auszudrücken, ist franziskanisch.

Dass die Brüder nicht sesshafte »kleine Kirchenbe-

---

37 Archiv der Christusbruderschaft, »Spiritualität der Gründer«. Ich danke den Schwestern, dass sie diese Seite zur Verfügung gestellt haben.
38 Christusbruderschaft Selbitz (Hg.), Hanna Hümmer. Gott ruft dem, was nicht ist, dass es sei. Ein Bericht vom Werden und Werk der Christusbruderschaft in Selbitz, Selbitz o. J., 9.
39 Zu diesen Begriffen siehe: Christusbruderschaft Selbitz. Ein Bericht vom Werden und Auftrag der Christusbruderschaft in Selbitz, Selbitz 1987, 20–24; zur Herkunft der Formel: H.-Ch. Schmidt-Lauber, Die Zukunft des Gottesdienstes. Von der Notwendigkeit lebendiger Liturgie, Stuttgart 1990, 39–44.

amten« waren, sondern wandernde Gottesboten, zeigte sich darin, dass sie trotz eines festen Wohnsitzes viele Verkündigungsdienste vor allem im Frankenland und in Württemberg, aber auch darüber hinaus übernahmen, dass sie Freizeiten leiteten und sie sowohl als auch die Schwestern Dienste in Kirchengemeinden ausübten.

Vom Geist des Franz von Assisi geprägt sind viele einzelne Aussagen, z. B.: »Armut heißt für uns dem ›armen Christus‹ nachfolgen, in der brennenden Liebe des Herzens sich lösen lassen von allen Sicherungen, eingefahrenen Lebensmechanismen, dem Für-sich-selber-Sorgen, -Sammeln und -Planen.«[40] Man erinnere sich daran, das Franz von Assisi sich mit »Frau Armut« vermählen wollte. –

> »Eine besonders liebe Entdeckung ist mir in letzter Zeit geworden, dass das Leben mit Christus so einfach wird, je ernsthafter wir seine Nachfolge leben wollen. Wir werden wieder Kinder nach all der geistlichen Kompliziertheit, durch die wir gingen, einfältige Kinder Gottes, denen es das größte Bedürfnis ist, Jesus täglich Freude zu bereiten aus Dank und Liebe zu ihm.«[41]

Einfalt, Freude, Dank und Liebe charakterisierten auch die Persönlichkeit des hl. Franz. – »Brennendes Leben für ihn, brennende Herzen für ihn – das sind die Lichter dieser Welt!«[42] – »Geht den schlichten Weg des

---

40 Christusbruderschaft Selbitz. Ein Bericht (s. Anm. 39), 14.
41 H. Hümmer in: Christusbruderschaft Selbitz (Hg.), Auf dein Wort. Auszüge aus Briefen und Rundbriefen der Christusbruderschaft, Selbitz 1974, Juni 1950 (das Heft hat keine Paginierung, sondern ist nach Daten geordnet).
42 Ebd., November 1950.

Menschensohnes, geht den hohen Weg seiner Niedrigkeit!«[43] – »Wer sich Jesus überlässt, wird mit einer ›Spatzenleichtigkeit‹ beschenkt. Er hat die größte Last – sich selbst – nicht mehr zu tragen. [...] Eine heilige Sorglosigkeit kommt über ihn. Ja, wer von dieser inneren Leichtigkeit nichts weiß, der hat das Evangelium noch nicht gehört [...].«[44] Man denkt an Franz, der in »heiliger Sorglosigkeit« singend durch die Wälder seiner Heimat gezogen ist. – »Die Christusbruderschaft Selbitz möchte eine Herzaufgabe inmitten der Gemeinde Oberfranken erfüllen. Ein frischer, lebendiger Geist – ›nüchtern, natürlich, geistlich, fröhlich‹ – durchweht das Mutterhaus, das auch eine Stätte der Stille, der Anbetung und der seelsorgerlichen Hilfe ist.«[45]

Schließlich wird das Bild durch drei Tatsachen abgerundet: Erstens »die freimütige, ganze Unterstellung unter die Kirche. Alles nicht wie unter einem Gesetz, sondern als Opfer aus Dank und Liebe allein an Ihn!«[46] In dieser Haltung ist Franziskus seinerzeit mit den Brüdern nach Rom gezogen, um sich dem Papst zu unterstellen. – Zweitens gibt es neben den kommunitär lebenden Schwestern und Brüdern seit vielen Jahren auch eine Tertiär-Bruderschaft.[47] Bekanntlich war die Gründung des Drittordens ein bahnbrechender Schritt des hl. Franz. – Und drittens war die Christusbruderschaft ab

---

43 Ebd., August 1964.
44 Christusbruderschaft Selbitz (Hg.), Denn er hatte seinem Gott vertraut. Zum Gedenken an Walter Hümmer, Selbitz 1973, 96.
45 W. Hümmer, Neue Kirche in Sicht? (s. Anm. 2), 103.
46 Christusbruderschaft Selbitz, Denn er hatte seinem Gott vertraut (s. Anm. 44), 39.
47 Christusbruderschaft Selbitz. Ein Bericht vom Werden und Auftrag (s. Anm. 39), 28.

2001 assoziiertes Mitglied und ist seit 2008 Vollmitglied der INFAG, der Interfranziskanischen Arbeitsgemeinschaft. Neben der Kreuzestheologie hat das Leitungsteam der INFAG vor allem die gelebte Geschwisterlichkeit als franziskanisches Kennzeichen wahrgenommen. Außerdem besteht eine sehr enge Beziehung zum Franziskanerinnenkloster in Sießen, und jedes Jahr machen einige Schwestern mit den Postulanten und Novizinnen in Assisi Exerzitien, um die verwandte franziskanische Geistigkeit aufzunehmen. Die innere Nähe wird also auch hier von der »anderen Seite« wahrgenommen und aufgegriffen.

IV Gemeinschaft

Mosaik 13. Jahrhundert, Hagia Sophia, Istanbul

Zuneigung

Wir haben ein teilweise zerstörtes Mosaik vor uns, ein Bild aus der Hagia Sophia, der größten und prächtigsten Kirche des alten Konstantinopel und heute der größten Moschee Istanbuls. Die Darstellung zeigt ein klassisches Motiv, eine sogenannte »Deesis« – das heißt: Gebet, Fürbitte. Johannes der Täufer und Maria stehen zu beiden Seiten Jesu und neigen sich ihm zu.

Das Bild in der Kirche

Doch bevor wir weitergehen, ist vielleicht ein Wort zum Bild in der Kirche überhaupt notwendig. Solche Bilder, die Ikonen, werden und wurden nicht gemacht, um sie anzubeten. Das Bilderverbot des Alten Testamentes war der Kirche durchaus bekannt. Dort geht es um geschnitzte Götterbilder, vor denen man sich nicht niederwerfen und die man nicht anbeten soll (2. Mose 20,4–5). Denn den unsichtbaren Gott kann und soll man nicht darstellen. Aber in Jesus Christus ist Gott sichtbar geworden. Das »Wort des Lebens, das von Anfang an war«, haben die Apostel mit ihren Augen geschaut und mit ihren Händen betastet, wie uns Johannes schreibt (1. Johannes 1,1). Darum sagt der Kolosserbrief: »ER – Christus – ist das Bild des unsichtbaren Gottes« (Kolosser 1,15). Für »Bild«

steht hier im Urtext das griechische Wort *eikôn*. Christus ist die Ikone Gottes, und weil er Mensch geworden ist, kann man ihn abbilden.

Man wird mit einem solchen Bild ehrfürchtig umgehen, so wie Sie zu Hause ein Foto Ihrer Eltern oder Ihres Ehegatten oder Ihrer Kinder nicht achtlos wegwerfen oder wie Schmutz behandeln. Das Foto *ist* nicht die Person, die es zeigt, aber es zeigt sie eben und erinnert an sie, und im Gedenken an den Menschen, den es darstellt, halten Sie das Bild in Ehren. So ähnlich verhält es sich mit den Ikonen der orthodoxen Kirche.

Johannes und Maria

Nun zu unserem Bild, der »Deesis«. Links und rechts von Jesus stehen Johannes der Täufer und Maria, die Mutter Jesu. Sie symbolisieren den alten und den neuen Bund. Von Johannes hatte Jesus gesagt: »Er ist mehr als ein Prophet. […] Unter denen, die von einer Frau geboren sind, ist keiner größer als Johannes; doch der Kleinste im Himmelreich ist größer als er« (Lukas 7,26–28). So wurzelt Johannes noch ganz im alten Bund. Als Bote und Wegbereiter steht er am Tor zum Neuen, aber er steht noch davor und weist darauf hin. Das war sein geschichtlicher und heilsgeschichtlicher Ort und Auftrag. Daher verkörpert er Israel, das ersterwählte Volk.

Maria ist auch eine Tochter Israels. Aber sie ist die Erste, der erste Mensch überhaupt, die Jesus aufnahm und annahm. Sie hat an ihn geglaubt und ihm die Treue gehalten bis in die dunkelsten Stunden hinein, bis unters Kreuz. Dort hat sie Jesus mit dem Jünger zusammengeschlossen, den er liebte, und damit die erste Lebenszelle der neuen Kirche geschaffen. Und am Pfingsttag finden wir sie in der Mitte der Jünger, und auch sie wird mit dem Heiligen Geist erfüllt (Apostelgeschichte 1,14; 2,1-4). Unter den wenigen Worten, die im Neuen Testament von ihr überliefert sind, ragen zwei besonders hervor und charakterisieren sie. Das eine: »Siehe, ich bin des Herrn Magd, mir geschehe, wie du gesagt hast« (Lukas 1,38), und das andere, das letzte überhaupt, das wir aus ihrem Mund hören und das daher so etwas wie ein Vermächtnis ist: »Was er (Jesus) euch sagt, das tut« (Johannes 2,5). So wird Maria mit ihrem Glauben, mit ihrer Gehorsamsbereitschaft, mit ihrer bedingungslosen Hingabe an Jesus zum Vorbild und Urbild der Kirche. Sie steht für den neuen Bund.

Zuneigung

Gehen wir einen Schritt weiter in unserer Betrachtung: Wenn sich beide Jesus zuneigen, Johannes und Maria, dann wenden sie sich auch einander zu. Und wenn das alte Gottesvolk und das neue sich beide Jesus zuneigen, dann neigen auch *sie* sich einander zu. Das ersterwählte Volk, Israel, muss nicht auf die andere Seite treten, es muss nicht Kirche werden im Sinn der historisch gewachsenen heidenchristlichen Konfessionen. Es genügt, wenn es sich Jesus zuwendet, dass die *eine* Kirche wird aus Juden und Heiden, wie es das Neue Testament vorgesehen hat.

Das gilt aber nun auch für uns alle. Wir müssen nicht auf jemand anderes Seite treten, um mit ihm eins zu sein. Es genügt, wenn wir uns jeder Jesus zuwenden. Wir müssen und dürfen nicht einer anderen Kirche, Bewegung, Gruppe, Zielrichtung beitreten, uns ihr anschließen, so denken wie sie, so sprechen wie sie, dasselbe tun wie sie, um mit ihr eins zu sein. Das wäre Verleugnung der Geschichte Gottes mit uns. Es genügt, wenn wir uns von ganzem Herzen Jesus zuneigen. Er macht uns eins, weil er in der Mitte ist. Wir dürfen daher auch nicht von anderen erwarten und fordern, dass sie sich uns anschließen, unsere Denkweise übernehmen, unsere Sprache übernehmen, unsere Sendung übernehmen. Das wäre Vereinnahmung, wäre Verleugnung der Geschichte Gottes mit ihnen. Es genügt, wenn wir uns alle von ganzem Herzen Jesus zuneigen. Er macht uns eins, weil er in der Mitte ist.

Einheit ist nicht Vereinheitlichung oder Uniformität. Einheit ist vielgestaltig. Einheit ist Communio, Kommunikation, wie kommunizierende Röhren. Einheit ist Teilhabe an Christus, der uns eint. Der Ausdruck im Glaubensbekenntnis »Gemeinschaft der Heiligen«, *communio sanctorum, koinonia tôn hagiôn,* kann auch bedeuten: »Gemeinschaft *am* Heiligen«. Das ist ein Mehrzahlwort: Gemeinschaft an heiligen Dingen oder Vorgängen; gemeint sind die Sakramente, besonders das heilige Abendmahl. Aber letztlich ist ja all das erfüllt von der Gegenwart Christi. Er ist *der* Heilige schlechthin. Wenn und weil wir alle an diesem Heiligen, an Jesus Christus, teilhaben, werden wir Gemeinschaft durch ihn.

Herz und Ohren »neigen«

Zuneigung – darin steckt das Wort »neigen«. Es ist interessant, was alles in der Bibel geneigt werden kann. Da neigt sich ein Mensch vor Gott, da verneigt sich einer vor dem anderen, da neigt sich Gott zu den Menschen herab. Da werden Schultern geneigt, um zu tragen, z. B. bei der Fronarbeit Israels in Ägypten. Jesus neigt sein

Haupt. Das ist uns alles vertraut. Das Wort »neigen« hat da buchstäbliche Bedeutung oder im Falle Gottes zwar eine bildliche, aber doch eine unmittelbar anschauliche.

In der Bibel kann aber auch das *Herz* geneigt werden, und es kann das *Ohr* geneigt werden. Da wird es für uns interessant. Schauen wir uns einige dieser Bibelstellen an:
»So tut nun von euch die fremden Götter, die unter euch sind, und neigt euer Herz zu dem Herrn, dem Gott Israels. Und das Volk sprach zu Josua: Wir wollen dem Herrn, unserm Gott, dienen und seiner Stimme gehorchen« (Josua 24,23–24). – »Er neige unser Herz zu ihm, dass wir wandeln in allen seinen Wegen und halten seine Gebote, Satzungen und Rechte, die er unsern Vätern geboten hat« (1. Könige 8,58). – »Herr, neige deine Ohren«, heißt es oft in den Psalmen (z. B. Psalm 17,6; 31,3 u. ö.). Aber auch: »Neiget eure Ohren zur Rede meines Mundes« (Psalm 78,1), und: »Neige mein Herz zu deinen Mahnungen« (Psalm 119,36).

Das Herz neigen heißt, sich dem anderen, Gott und dem Mitmenschen, hörend, wohlwollend, offen und aufnahmebereit zuzuwenden, sich selbst dem anderen zu erschließen. Gott gegenüber heißt es auch, gehorsam zu sein und zu tun, was er sagt, und zwar von Herzen, von innen her, nicht gezwungen, sondern frei, willig und mit Freude. Das Ohr neigen heißt hinhören, *erhören*, das Anliegen des anderen wahrnehmen und aufnehmen.

Wenn wir Jesus und einander Herzen und Ohren zuneigen, entsteht diese geheimnisvolle Einheit, in der jeder bleibt, wozu ihn Gott berufen hat, wo keiner den andern ändern will und dennoch jeder und jede den angemessenen Platz findet, wo wie in einem Organismus alle Teile einem Ganzen dienen, in dem Jesus die Mitte und das Haupt ist.

Der dreieine Gott und die Gemeinschaft der Menschen

Das Folgende stellt die überarbeitete Fassung eines Vortrags von 1995 vor den Geschwistern der Jesus-Bruderschaft Gnadenthal dar, welcher ich angehöre. Es verdankt sich einerseits ganz dem Denken Hans Urs v. Balthasars, auch da, wo dies nicht ausdrücklich angemerkt ist. Andererseits ist unsere Spiritualität von den Anfängen an zutiefst vom Blick auf den dreieinen Gott geprägt. Insofern sind die folgenden Seiten zugleich Zeugnis unseres geistlichen Lebens als Kommunität.

Was ist Gemeinschaft und wie kann sie lebendig erhalten werden? Das ist eine Frage, die viele Zeitgenossen bewegt. Wie können verschiedene Menschen mit unterschiedlichem Charakter so zusammenleben, dass jeder sich mit seiner Gabe entfalten kann, dass keiner unterdrückt wird, und doch die Einheit untereinander entsteht, nach der wir uns sehnen? Die Frage hat auch globale Dimensionen: Wie kann die große und bunte Völkergemeinschaft der Welt zusammenfinden zu einer Gemeinsamkeit, in der alle mit ihrer besonderen Gabe Raum haben, um das Ganze zu bereichern und ihm zu dienen?

Als christliche Kirche dürfen wir bei dem Urbild von Gemeinschaft lernen, nämlich bei dem dreieinigen Gott selbst, so wie er sich seinen Aposteln geschichtlich erfahrbar gemacht hat. Wir beginnen aber auf der Erde. Wir beginnen damit, wie Gott in Jesus den Aposteln begegnet ist, und fragen dann zurück, was das für unser Gottesbild bedeutet. Von dort her fragen wir weiter, welches Menschenbild das beinhaltet und welche Ausblicke auf menschliche Gemeinschaft sich von daher erschließen.[1]

Gott war in Christus

»Gott war in Christus und versöhnte die Welt mit sich selber«, schreibt der heilige Paulus (2. Korinther 5,19), und wir fragen: Wie kann denn das sein? Das hieße ja, dass der Unbegrenzte in die Endlichkeit eingeht und damit begrenzt wird, so dass der Apostel Johannes schreiben kann, er habe das ewige Wort des Lebens, das von Anfang an ist, mit seinen Ohren gehört, mit seinen Augen gesehen und mit seinen Händen betastet (1. Johannes 1,1)! Es bedeutete, dass der Ewige und Unvergängliche in die Zeit eingeht und damit vergänglich wird. Dass Gott, der Geist ist (Johannes 4,24), Fleisch wird. Dass der Allmächtige machtlos wird. Dass der Unsterbliche stirbt. Wie weit kann sich Gott von Gott entfernen und in das Gegenteil seiner selbst eingehen, ohne seine Gottheit zu verlieren? Bis ins Fleisch? Bis ins Grab? Bis in die

---

1 Schon *Basileios d. Große* (330–379) stellt fest, dass der Weg zwar *ontologisch* gesehen beim Vater beginnt und von ihm durch den Sohn zum Heiligen Geist führt, dass er aber *erkenntnistheoretisch* gesehen umgekehrt verläuft: der Geist führt uns dem Sohne zu und dieser zeigt uns den Vater. Basileios, *De Spiritu Sancto* XVIII, 47 (in der Ausgabe von H.-J. *Sieben*, Basilius von Cäsarea, *De Spiritu Sancto*. Über den Heiligen Geist, griechisch-deutsch [FC 12], Freiburg-Basel-Wien 1993, 215/217).

Unterwelt? Ja, offenbar bis in die Unterwelt! Denn Gott war in Christus. Wie aber ist das möglich? Die biblische Antwort lautet: weil Gott Liebe ist (1. Johannes 4,8.16).

»Gott ist Liebe«

Fassen können wir das nicht. Die Fülle der Heilsereignisse, der Fakten, der Geschehnisse, der Taten Gottes, die durch und in Jesus über uns hereingebrochen sind, können wir nur gläubig aufnehmen und nach und nach zu verstehen suchen. Wir können die Offenbarung nie völlig ergründen, nie als Wissende darüber stehen, aber doch tastend und hineinhorchend versuchen zu begreifen, was das denn ist, das da »offenbar« wird. Was für ein Gott ist denn das, von dem verkündet wird, er sei in Gestalt eines sterblichen Menschen erschienen? Was für ein Gott ist das, der als das Leben sterben kann? Der sich auf diese Weise in das Gegenteil seiner selbst verlieren kann, ohne aufzuhören, Gott zu sein? Was für ein Gott ist das, der diese Widersprüchlichkeit in sich aushält und austrägt, ja sie überhaupt erst schafft?

»Gott ist Liebe«. Das heißt nicht: Gott *hat* Liebe, und auch nicht: Gott liebt. Es heißt das auch. Aber »Gott *ist* Liebe« – das ist mehr. Es ist eine Wesensaussage. Das kann nur heißen: Gott ist Liebe mit und ohne seine Schöpfung, mit und ohne Welt, mit und ohne Menschen. Gott ist Liebe ganz abgesehen von allem, was wir kennen und was um uns herum ist und auch ganz abgesehen von uns selbst: Gott ist Liebe schon immer, für immer, vor der Zeit und in Ewigkeit. Gott an und für sich, Gott allein, ist Liebe.

Gott allein? Kann einer für sich allein Liebe sein? Existiert Liebe solo? Haben wir *das* von Gott gelernt?

Liebe verschenkt sich, gibt sich hin in das andere ihrer selbst hinein, *in* den anderen. Liebe sucht das Gegenüber. Sie sucht darin das Gemeinsame, sie sucht aber auch die Andersartigkeit, das Spannende in der Begegnung zweier freier Wesen.

Und Liebe ist immer Geschenk. Immer ist sie frei. Nie ist sie einzufordern. Auf die Frage: »Warum liebst du gerade *mich*?«, gibt es keine Antwort. Alle Vorzüge, die ich für mich selbst ins Feld führen könnte, rechtfertigen nicht das Wunder, dass jemand mich liebt – nicht meine Vorzüge, sondern mich.

Im völligen Sich-Schenken ist Gott Gott

Gott ist Liebe von Anfang an. Wie und wen liebt er? Tastend nur können wir es erahnen, was das heißt, wenn Jesus von Gott als seinem Vater spricht, wenn er ihn im Gebet mit »Abba« anredet, wenn er von sich als dem »Sohn« spricht, wenn er gar sagt: »Ehe Abraham war, bin ich!« – »Da hoben sie Steine auf« (Johannes 8,58f.), so anstößig und skandalös war diese Aussage!

»Ehe Abraham war, bin ich« – das heißt doch, dass es in Gott selbst ein ewiges Du gibt. Dass es da sozusagen zwei Pole gibt, die einander gegenüberstehen, so dass der eine sich auf den andern hin verschenken kann. Wir können die Offenbarung nicht anders verstehen als so – und doch, wie unbegreiflich ist das! Wenn wir es aber annehmen, ahnen wir, dass Jesus eine Wesensaussage über sich selbst macht, wenn er sich »Sohn« nennt. Der Sohn, das ist er in Ewigkeit.

In Gott selbst geschieht es, dass Gott sich ausgießt in das Gegenüber, den ihm Gegenüberstehenden. Der Sohn empfängt sich ganz und gar vom Vater. Denn der

Vater schenkt sich ganz und gar dem Sohn. Er schenkt nicht einen Teil von sich. Er schenkt sich ganz. »Denn wie der Vater das Leben hat in sich selber, so hat er auch dem Sohn gegeben, das Leben zu haben in sich selber« (Johannes 5,26), wird er später sagen, und: »Alles, was der Vater hat, das ist mein« (Johannes 16,15). Alles. Da bleibt kein Rest. Der Vater schenkt nicht nur etwas, das er selbst nun entbehrte, weil er es hergegeben hat, sondern er schenkt sich selbst und sich ganz und hört doch nicht auf, Gott zu sein. Er *ist* Gott in diesem Sich-Schenken. In dieser Gebärde des völligen Weggebens ist Gott Gott. Denn Gott ist Liebe.

So wie der Vater sich schenkt, so empfängt sich der Sohn. Er empfängt sich selbst. Er *ist* in diesem Empfangen. Alles, was er hat und ist, hat und ist er vom Vater. Darum gibt es keine Vermischung der Personen. Denn der Vater ist die Quelle, ist immer der Schenkende, der Urgrund von allem; der Sohn ist immer der Empfangende. Doch schon in Ewigkeit »hält er es nicht für einen Raub, wie Gott zu sein« (Philipper 2,6), sondern er verdankt sich dem Vater, er verdankt sich zum Vater hin, indem er sich selbst ganz und restlos ihm wieder schenkt. Nichts behält er für sich zurück. In diesem Sich-Schenken ist *er* ganz Gott, und genau darin ist er eines Wesens mit dem Vater. Denn Gott ist Liebe.

Dass aber diese Liebe nicht im Selbstgenuss zu zweit endet, sondern sich öffnen und gerade das Glück des Sich-Schenkens und Sich-Beschenken-Lassens teilen und mitteilen will, erkennen wir daran, dass Vater und Sohn ihre Liebe dem Heiligen Geist schenken, der sie auch seinerseits erwidert im völligen Hinschenken seiner selbst. Denn wenn wir die Worte Jesu und der Apostel über den Geist ernst nehmen, dann bleibt uns nichts übrig, als zu bekennen: Nicht nur zwei, sondern drei Pole muss es da geben (fast versagt das Bild den Dienst!), die von Ewigkeit her und in Ewigkeit sich aneinander verschenken und ein Spannungsfeld, nein, einen »Spannungs-Raum« der Liebe aufbauen. Denn Gott ist Liebe. Und auch der Geist ist in dieser Gebärde der Selbsthingabe ganz Gott, eines Wesens mit Vater und Sohn.

Die »Positivität des Andern«

Diese Einsicht hat weitreichende Konsequenzen. Zunächst: Wir können die Einheit der Gottheit nicht anders als in der Dreiheit der Personen von Vater, Sohn und Heiligem Geist bekennen. Das *eine* göttliche Wesen kann nicht als ein Viertes »hinter« den göttlichen Personen gesucht werden, vielmehr existierte es »nie anders als je vaterhaft, sohnhaft und geisthaft«[2]. »Die Dreieinigkeit Gottes ist kein Zweitletztes, wohinter sich ein aller Kreatur unzugängliches, abgründiges ›Wesen‹ verbirgt.«[3] Die *eine* Gottheit existiert nicht abgesehen von, sondern in personaler Konkretion nur *je in* Vater, Sohn und Heiligem Geist.

H. U. v. Balthasar nennt dies das »Axiom von der Positivität des Andern«.[4] Damit soll gesagt sein, dass Vielfalt und Andersartigkeit keine Seinsminderung, erst recht keinen Fluch bedeuten, der im Streben nach einer

---

2 H. U. v. Balthasar, Theologik II. Wahrheit Gottes, Einsiedeln 1985, 127.
3 A. a. O., 137f.
4 A. a. O., 138; ausführlicher dazu Ch. Joest, Eine »Theologie der Welt« bei Hans Urs von Balthasar, ThBeitr 26 (1995), 265–278, hier: 267–270.

»darüber« und »dahinter« liegenden Einheit überwunden werden müsste, sondern dass sie positiv von Gott gemeint und gesetzt sind, da er in sich selbst, »weil er wesentlich Liebe ist(,) [...] den Einen, den Andern und ihre Einheit voraussetzt«.[5]

Die Liebe wird reicher

Nun kommt aber die Liebe in der Erwiderung nicht leer zurück. Schon die Liebe, die wir einander schenken, ist in ihrer Erwiderung nicht mehr dieselbe. Sie ist angereichert durch das Leben und Wesen des andern, durch seine Person. Da bekommt die Liebe eine neue Einfärbung, das macht sie reich und voller Überraschungen. Da gehen neue Erfahrungen in sie ein. Die andere Person drückt sich in ihr ganz original aus und schenkt sich damit an den anderen zurück.

Es muss wohl so auch in Gott sein, wenn Gott wirklich Liebe ist. Die Liebe zwischen Vater, Sohn und Geist ist so groß und so reich, ihr Gegenüber aber andererseits so weit, dass eine ganze Welt dazwischen Platz hat. Da entsteht aus der Liebe des Vaters, der dem Sohn restlos alles in die Hände gibt, durch die Hände des Sohnes im Heiligen Geist eine Schöpfung, ein Kosmos als Abbild Gottes, ein Werk, das im Sohn geschaffen ist,

---

5   H. U. v. Balthasar, Versuch eines Durchblicks durch mein Denken, IKZ 18 (1989) 289–293, hier: 292f.; vgl. J. O'Donnell, Hans Urs von Balthasar – Gestalt seiner Theologie, IKZ 18 (1989) 318–332, hier: 324–327. Vgl. auch H. U. v. Balthasar, Das unterscheidend Christliche der Gotteserfahrung. In: Pneuma und Institution. Skizzen zur Theologie IV, Einsiedeln 1974, 26–37, hier: 34; ders., Eschatologie im Umriss. In: Pneuma und Institution 410–455, hier: 417f.

wie der Kolosserbrief bezeugt (Kolosser 1,15–20), das in ihm seinen Bestand hat, in dem er die Mitte und das Haupt ist und das auf ihn hin geordnet ist und nur so lebt.

Und nun geht die Liebe des Sohnes durch die Welt dem Vater entgegen, so wie er die Möglichkeit, eine Welt zu schaffen, aus der Liebe des Vaters empfangen hat. Jetzt beginnen wir zu ahnen, warum in dieser Welt der Mensch von vornherein in der Mehrzahl erschaffen wurde, und wir verstehen, warum die Menschen von Anfang an nicht als serienmäßige Kopien ihrer selbst entstehen konnten, sondern in der spannungsreichen Verschiedenheit von Mann und Frau geschaffen sind und *nur so* Mensch sein können. Schließlich begreifen wir, wie allein diese Vielfalt zusammengehalten und ausgelebt werden kann, wie sich also Gott das Miteinander der Menschen untereinander und mit ihm gedacht hat. Sie sollen ja miteinander Bild Gottes sein, und Gott ist Liebe. Insbesondere sind sie im Sohn geschaffen und tragen *sein* Bild, sind also Wesen, die sich empfangen und zu ihrem Schöpfer hin verdanken und so auch untereinander. In dieser frei geschenkten, frei empfangenen und frei erwiderten Hingabe ihrer selbst aneinander und an Gott sind sie Bild Gottes im Sohn.

So läuft die Liebe des Sohnes durch die Welt hindurch auf den Vater zu. Und so wird er am Ende der Zeit, wenn alles vollendet ist, die ganze Welt und all seine Herrschaft in ihr an den Vater zurückgeben, damit Gott sei alles in allem (1. Korinther 15,28). Aber dazwischen liegt das ganze Drama von Fall und Erlösung, die ganze Unheils- und Heilsgeschichte der Welt.

Das Drama von Fall und Erlösung

»Gott war in Christus und versöhnte die Welt mit sich selber.« Wir ahnen (wir können nicht mehr als nur ahnen), was es bedeutet, dass der Sohn selbst aufkommt für den Missbrauch der Freiheit seiner Geschöpfe. Aber wir erkennen: In diesem Weg der völligen Hingabe seiner selbst ist er ganz Gott. So gibt er sich nicht nur an seinen Vater, so gibt er sich auch an sein Geschöpf. Ja, er kann sich hineinentleeren in die Knechtsgestalt, wie es bei Philipper 2,7 heißt. Er kann am Kreuz und im Tod als Gott in die äußerste Gottesferne gehen, in die äußerste Zerspannung dieses Gegenüberstehens von Vater und Sohn, bis hin zu dem Schrei der Verlassenheit, verbunden mit dem Vater allein durch den Heiligen Geist, der die Hingabe des Vaters im Sohn und des Sohnes an den Vater trägt. Immanente und ökonomische Trinität sind hier untrennbar miteinander verknüpft. Denn am Kreuz schenkt sich der Sohn dem Vater in der äußersten Preisgabe seiner selbst und bleibt gerade so ganz Gott, weil er die ewige Gebärde des völligen und restlosen Sich-Schenkens im Fleisch wiederholt.

Unendlich bereichert kehrt diese Liebe zum Vater zurück, der sie ewig ermöglicht. Darum sind die Wundmale auch noch am Auferstandenen zu sehen. Darum trägt sie noch das Lamm vor dem Thron (Offenbarung 5,6). Sie bleiben in Ewigkeit als die Zeichen der Liebe, die sich so weit verschenken konnte und kann. Wenn der Sohn dermaleinst die Welt dem Vater zurückschenken wird, dann als durchlittene und erlöste, und gerade darin sich selbst und sich ganz.

»Ich bin unter euch wie der Dienende«

Wir ahnen nun, dass die Fußwaschung (Johannes 13) eine Gottesoffenbarung ist. Das innerste Wesen Gottes kommt darin zum Ausdruck, dass Jesus seinen Jüngern von unten ins Gesicht schaut (H. Spaemann), denn so müssen wir uns wohl den Dialog Jesu mit Petrus vorstellen. Wir ahnen, dass die Worte Jesu: »Der Menschensohn ist nicht gekommen, um sich dienen zu lassen, sondern um zu dienen«, nicht nur eine vorübergehende Verstellung bezeichnen, eine Haltung, die kurzfristig zum Zweck der Erlösung angebracht ist, aber später dann aufgegeben werden könnte, wenn alles vollbracht ist, sondern dass dieses Dienen das Wesen Gottes ist; dass der Sohn gerade darin ganz Gott ist, dass er sich verschenkt, sich hingibt, »sein Leben gibt zur Erlösung für die vielen« (Matthäus 20,28). Wir ahnen, dass er im Abendmahlssaal, wenn er die Jünger fragt, wer größer sei, der zu Tisch Sitzende oder der Dienende, ihnen Einblick in sein innerstes ewiges Wesen gewährt. »Ich bin unter euch wie der Dienende« (Lukas 22,27) – das *ist* er, und das ist Gottesoffenbarung.

Wie leben wir Gemeinschaft?

Und nun fragen wir uns: Wie leben wir Gemeinschaft? Man kann die Frage so jetzt kaum noch stellen. Bleiben wir bei dem zuletzt erwähnten Text aus Lukas 22: Die Jünger streiten sich wieder einmal, wer von ihnen als der Größte zu gelten habe. Wer hat den Vorrang? Wer hat das Vorrecht? Das heißt ganz praktisch: Wer sitzt obenan? Wer hat das Sagen? Wer muss wem gehorchen? Wer muss die andern bedienen, wer hat das Recht, sich bedienen zu lassen? Wer kann befehlen? Und wer hat den Mund zu halten? Wer setzt sich durch? Fragen, die die Welt bis heute bewegen. Das weiß Jesus auch. Und er sagt zu den Jüngern: »Die Könige herrschen über ihre Völker, und ihre Machthaber lassen sich Wohltäter nennen. Ihr aber nicht so!« (Lukas 22,25f.)

Der Charakter des Gottesvolkes

Dieses »Ihr aber nicht so!« ist ein Schlüsselvers. Die Einstellung und Haltung, die durch diesen Satz bezeichnet wird, zieht sich durch das ganze Alte Testament. In Israel sollte es nicht so zugehen wie bei den anderen Völkern. Dabei geht es um den *Charakter des Gottesvolkes*. Israel sollte sich unterscheiden, damit an seinem Lebensbeispiel deutlich würde, was ein Leben in Gottes Ordnungen bedeutet. Es sollte ein Modell sein für ein freies, reiches und schönes Leben in Gottes Gegenwart, damit alle Welt sehen könnte, wie Gott sich das einmal gedacht hatte, als er die Welt und den Menschen erschuf. »Denn dadurch werdet ihr als weise und verständig gelten bei allen Völkern«, heißt es in 5. Mose 4, »dass, wenn sie alle diese Gebote hören, sie sagen müssen: Ei, was für weise und verständige Leute sind das, ein herrliches Volk! Denn wo ist so ein herrliches Volk, dem ein Gott so nahe ist wie uns der Herr, unser Gott, sooft wir ihn anrufen? Und wo ist so ein großes Volk, das so gerechte Ordnungen und Gebote hat wie dies ganze Gesetz, das ich euch heute vorlege?« (5. Mose 4,6–8)

Es geht um den Charakter des Gottesvolkes. Das greift Jesus auf im Abendmahlssaal, in dem sich die Jünger um den Vorrang streiten: »Ihr aber nicht so!« Jetzt geht es um den Charakter des *neuen* Gottesvolkes. Jetzt wird all das zu Israel Gesagte zusammengefasst und auf einen Nenner gebracht. Und wie lautet der? »Der Größte unter euch soll sein wie der Jüngste, und der Vornehmste wie ein Diener« (Lukas 22,26). Denn das ist das Wesen Jesu selbst. Das ist ER. Ein Diener, der sich schenkt, der sich ganz verschenkt.

Das neue Gebot

»Ein Beispiel habe ich gegeben«, sagt er bei der Fußwaschung, »damit auch ihr tut, wie ich euch getan habe. [...] Wenn ihr dies wisst, selig seid ihr, wenn ihr es tut!« (Johannes 13,13.15) Das ist das neue Gebot, wodurch sich das neue Gottesvolk von aller Welt unterscheidet: »[...] dass ihr euch untereinander liebt, wie ich euch geliebt habe.« Denn daran wird die Welt »erkennen, dass ihr meine Jünger seid, wenn ihr Liebe untereinander habt« (Johannes 13,34f.).

Und nun ahnen wir auch, was das heißt, wenn Jesus im hohepriesterlichen Gebet Johannes 17 sagt: »Damit sie alle eins seien. Wie du, Vater, in mir bist und ich in dir, so sollen auch sie in uns sein.« Wir lesen meist: »So sollen auch sie in uns eins sein«, aber das steht nicht da. »In uns sein« – das genügt, das umfasst alles. Wenn das unser Platz ist: mitten zwischen dem sich ganz schenkenden Vater und dem sich ganz zurückschenkenden Sohn, dann können wir gar nicht anders, als ebenso zu leben. In Gott sein, das heißt in schenkender Liebe leben. »Damit die Welt glaube, dass du mich gesandt hast« (Johannes 17,21). Denn das ist Gottesoffenbarung, nicht mehr und nicht weniger.

Wie leben wir Gemeinschaft? Wer müsste nicht bekennen, dass er immer wieder weit hinter dem Vorbild und Beispiel Jesu zurückbleibt. Aber der Charakter des Gottesvolkes ist deutlich geworden, weil der Charakter Gottes deutlich wurde. »Gott war in Christus und versöhnte die Welt mit sich selber« – das ist die Grundstruktur ewiger Liebe. An ihr dürfen wir Anteil haben im Heiligen Geist. Dazu ist er uns gegeben worden. Um eine Grundhaltung geht es, um eine Gesinnung, um ein inneres Ausgerichtetsein des Herzens. Es geht um den Charakter der sich ewig schenkenden Liebe in völliger und restloser Übergabe des einen an den andern. Das bedeutet es, wenn »die Liebe Gottes ausgegossen ist in unsere Herzen durch den Heiligen Geist, der uns gegeben ist« (Römer 5,5). Das bedeutet es, wenn die verschiedenen Geistesgaben sämtlich zum Dienst gegeben sind, zum Nutzen aller (1. Korinther 12,7), und dass sie nichts nützen, wenn die Liebe fehlt (1. Korinther 13,1-2). Darin liegt eingeschlossen, dass der andere, der Andersartige in seiner Andersartigkeit gelten darf, angenommen ist, als Bereicherung willkommen geheißen ist.

Ein Letztes: Wenn es stimmt, dass die Haltung Jesu: »Der Menschensohn ist nicht gekommen, um sich dienen zu lassen, sondern um zu dienen«, nicht nur eine vorübergehende Verstellung ist, sondern dass dieses Dienen das Wesen Gottes ist, dann heißt das, dass er immer noch und in alle Ewigkeit so dient. Er herrscht in der Weise des Dienens. Er ist König in der Weise der Selbsthingabe. Er regiert in der Weise der Fußwaschung. Davon leben wir bei jedem Atemzug und Herzschlag. Er nimmt das Andersartige an, indem er uns annimmt, so wie er in seiner Fleischwerdung das Andersartige seiner selbst angenommen und es so erlöst hat. In jeder Eucharistie feiern wir das. So ist er im Himmel, so ist Gott in sich, denn Gott ist Liebe, so ist er aber auch unter uns heute, davon leben wir als Bruderschaft und Kommunität. Davon lebt die Kirche in ihrer so unterschiedlichen Ausprägung und wechselhaften Geschichte. Davon leben die Völker und alle Menschen. Wohl dem, der Jesus in dieser Art wahrnehmen und so auf ihn eingehen kann. Denn das kommt nur von ihm. *Er* »ist die Quelle des Lebens, und in seinem Licht sehen wir das Licht« (Psalm 10), denn Gott ist Liebe und will sie in uns und unter uns leben.

Versöhnte Vielfalt – die ökumenische Berufung der Jesus-Bruderschaft Gnadenthal

Die Anfänge der Jesus-Bruderschaft liegen in den fünfziger Jahren. Junge Menschen aus Ost- und Westdeutschland trafen sich zu gemeinsamen Freizeiten, um ihren Glauben nach innen zu stärken und nach außen zu bezeugen. Die Teilnehmer kamen aus verschiedenen Kirchen und bildeten im Kleinen eine Art innerevangelische Ökumene: Da waren Lutheraner und Methodisten, Calvinistisch-Reformierte und Unierte (lutherisch-calvinistisch). Heute klingt das wenig aufregend, wenn sich Christen aus diesen verschiedenen Traditionen zusammentun, aber zur damaligen Zeit waren auch innerevangelisch die Abgrenzungen sehr viel schärfer. Diese Grenzen waren jedoch für die jungen Frauen und Männer damals nicht interessant. Interessant war die gemeinsame Erfahrung des lebendigen Herrn Jesus Christus im Leben aller Einzelnen und in der Gemeinschaft.

Dann kam der 13. August 1961, und in Berlin wurde die Mauer gebaut. Fortan war es den Geschwistern aus Ostdeutschland nicht mehr möglich, an den gemeinsamen Freizeiten teilzunehmen. Und das warf Fragen auf: Hätte Gott das nicht verhindern können? Wie konnte es sein, dass durch menschliche Willkür getrennt und zerrissen wird, was vorher von Gott zu einer inneren

Einheit zusammengeführt worden war? Wie sollte es jetzt weitergehen?

Dieses Ereignis wurde zu einem Schlüsselerlebnis für die ersten Geschwister: Dasselbe, was wir hier im Kleinen mit unserem Kreis erleben, das erlebt Gott seit zweitausend Jahren im Großen mit seiner Kirche. Er wollte, »dass sie alle eins seien« (Johannes 17,21), und was findet er vor? Gräben und Mauern geistiger Art, und an manchen Grenzen wurde im Lauf der Geschichte sogar auch scharf geschossen, man denke nur an den Dreißigjährigen Krieg im 17. Jahrhundert. Dieses Erleben hat die Berufung der Jesus-Bruderschaft vertieft und profiliert: Wir wollten keine Mauern bauen, sondern Brücken. Und das prägt uns bis heute.

Konkret formierte sich die junge Gemeinschaft dann im Herbst 1961 (zölibatäre Brüder) und im Frühjahr 1964 (zölibatäre Schwestern), und bald entstand auch die Familienkommunität (1968), und sie verlagerte sich räumlich von Nordwestdeutschland über Ludwigshafen am Rhein schließlich 1969 nach Gnadenthal, Hünfelden, bei Limburg/Lahn. Gnadenthal war vormals ein Zisterzienserinnen-Konvent. Aber unsere Geschichte will ich im Einzelnen hier nicht beschreiben,[1] sondern auf unsere Berufung und ihre Ausformung eingehen.

Das »Hohepriesterliche Gebet« Jesu aus Johannes 17 wurde zu einem unserer Basistexte. Jesus betete, dass alle, die an ihn glauben, eins seien, damit die Welt glauben kann. Das Bemühen um das Einssein der Christen ist also kein Selbstzweck, sondern hat eine missionarische Stoßrichtung. Glaube und Unglaube der »Welt«

---

1 Vgl. dazu den Beitrag: Die Entstehung von Kommunitäten in den Kirchen der Reformation, in diesem Band S. 66–105.

hängen davon ab, welches Bild wir Christen abgeben. Darum ist unser Mittagsgebet um zwölf Uhr, das wir jeden Werktag beten, ein Gebet um die Einheit des Volkes Gottes.

Konsequenterweise ist die Gemeinschaft deshalb auch offen für Mitglieder aus allen christlichen Kirchen und Konfessionen. Neben lutherischen, schweizerisch-reformierten und unierten Christen haben wir längst auch etliche Katholiken und Freikirchler (z. B. Baptisten) und einen Amerikaner, der der »Anglican Episcopal Church« angehört. Auch ein Christ jüdischer Herkunft lebte einige Jahre unter uns; leider ist er sehr früh verstorben.[2] Uns alle vereint an erster Stelle Jesus Christus, die Mitte unseres Lebens. Er ist ja auch das Haupt des ganzen Leibes, der universalen Kirche in allen ihren Ausprägungen. Er hat uns zusammengeführt, und er hat uns zusammengehalten. Die Bibel als das lebendige Wort eint uns, und die gemeinsamen Gebetszeiten und Gottesdienste.

Damit ist allerdings auch ein schwieriges Thema berührt. Unsere Berufung ist es, für das Einssein der Christenheit zu beten und zu leben. Aber wir können das nicht auf einer »Insel der Seligen tun«, abgeschottet von allen anderen. Wir tun es im Raum der Kirche und der Kirchen und haben damit auch Teil an den ungeklärten Fragen und an den Grenzen, die immer noch da sind. Es gehört zum Realismus des Glaubens, solche Grenzen auszuhalten und den Schmerz zu tragen, dass wir kirchenrechtlich und kirchenamtlich noch nicht

---

2 Vgl. M. Hoffmann Br. Mose, Keine halben Sachen. Hippie, Polizist, Jude, Christ. Autobiographie, Hünfelden 1999; M. Schmid, Im Riss. Bruder Mose Marc Hoffmann. Pilger, ein Leben lang, Niederwiesa 2021.

in allem die volle Gemeinschaft haben können – auch wenn Klöstern und geistlichen Gemeinschaften ein gewisser Freiraum zugestanden ist.

Wir feiern fast täglich das Abendmahl, die Eucharistie. Fünfmal in der Woche versammeln wir uns dafür um 7.15 Uhr in der ehemaligen Klosterkirche. Und jeden Sonntag um 10 Uhr gestalten wir mit vielen Gästen und Freunden zusammen einen festlichen Abendmahlsgottesdienst. Auf unserer Homepage steht dazu: »Unsere Gottesdienste leben aus der Vielfalt und dem Reichtum unterschiedlicher kirchlicher Traditionen. Wenn nichts anderes angegeben ist, sind sie aufgrund der Ordination unserer Liturgen evangelische Abendmahlsfeiern.«

Der erste Satz deutet an, dass unsere Liturgie durch lutherische, katholische, orthodoxe (Gesang!) und freie Elemente bereichert ist. Viele fühlen sich darin schnell zu Hause, für andere bleibt es gewöhnungsbedürftig. Der zweite Satz unseres Eintrags auf der Homepage aber soll für Klarheit sorgen: Wir wollen niemanden vereinnahmen oder täuschen. Bei uns darf jeder am Abendmahl teilnehmen, der will; nach der Maßgabe der Evangelischen Kirche weisen wir niemanden zurück – aber er oder sie soll wissen, was er/sie tut.

Wissen, was sie tun, müssen auch unsere katholischen Geschwister. Hier gilt die Gewissensfreiheit. Jeder und jede entscheiden selbst, wie sie sich verhalten, und es gibt Katholiken unter uns, die zwar dem Gottesdienst beiwohnen, aber nicht zur Kommunion gehen im Gehorsam zu ihrer Kirche. Andere wiederum kommunizieren. Eine unserer katholischen Schwestern hat sich bei einem Geistlichen in dieser Frage Rat geholt. Seine Antwort lautete: »Sie werden so oder so schuldig, entweder an der Kirche oder an Ihrer Gemeinschaft.« Wie immer sie sich nun im Einzelnen entschieden hat – die Frage und der Schmerz bleiben.

Als Gesamtgemeinschaft sind wir über das diakonische Werk in die Evangelische Kirche eingegliedert. Dennoch bleibt jedes unserer Mitglieder in der Kirche beheimatet, aus der er oder sie kommt. Man muss nirgends austreten, um bei uns einzutreten, sonst würden wir selbst zu einer eigenen Kirche. Dementsprechend haben wir Beziehungen nicht nur zur Leitung der Evangelischen Kirche in Hessen und Nassau, zu der wir gehören, sondern auch zur Diözese Limburg. Einer meiner Mitbrüder, Friedrich Neumüller, war katholischer Gemeindepfarrer in Katzenelnbogen und zugleich Mitglied im Ordensrat des Bistums. Wir sind eingebunden in die Konferenz Evangelischer Kommunitäten (KevK) und das (evangelische) Treffen Geistlicher Gemeinschaften (TGG), aber ebenso auch in die Treffen der Geistlichen Gemeinschaften und Kirchlichen Bewegungen in der Diözese Limburg, ferner in den Internationalen und Interkonfessionellen Kongress für Ordensleute (CIR) und in das »Miteinander für Europa«.

Am Anfang haben wir geglaubt, das Stichwort »Einheit« beziehe sich nur auf die christlichen Kirchen und die Beziehungen der Christen unterschiedlicher Herkunft untereinander. Aber wenn man wie wir seit mehr als sechziger Jahren das gemeinsame Leben pflegt, erkennt man bald, dass das Einswerden eine alles umfassende Herausforderung darstellt. Deshalb möchte ich zum Schluss den Horizont dieses Beitrags erweitern, damit die Fülle unserer Berufung noch deutlicher herauskommt. In einer Präsentation über das Leben der Jesus-Bruderschaft lautet das so:

Versöhnte Vielfalt:
- Die Generationen – die Geschlechter – die Lebens-Stände – die Kirchen – die Völker und Rassen – die Polaritäten des Lebens
- Jung und Alt – Mann und Frau – Ehelosigkeit (Zölibat) und Ehe – evangelisch, katholisch, freikirchlich – Ost und West – schwarz und weiß – gemeinsam und allein – beten und arbeiten
- Nicht nur darüber reden, sondern es *leben*, das ist die Herausforderung. Von Jesus Christus als Mitte unseres Lebens her ordnet sich alles einander zu, ohne an Eigenprofil zu verlieren.

Damit ist zuletzt alles gesagt.

V Jesus-Bruderschaft

Die »Jesus-Bruderschaft«

Deutung und Bedeutung ihres Namens

Egal, wo Sie uns besuchen, ob in der »Kommunität Gnadenthal«, im »Kloster Volkenroda«, im »Werk und Studienzentrum Hennersdorf« im »Begegnungszentrum Latrun« in Israel oder in dem kleinen »Gnadenthal-Center« in Makak/Kamerun, immer stoßen Sie auf die »Jesus-Bruderschaft« als Kern und Träger des Lebens an diesen Orten. Wer ist sie und was bedeutet ihr Name?

Um 1960 herum suchte eine Gruppe junger Menschen nach einer Lebensform, die dem Evangelium entsprach, die aus der Liebe zu Jesus und dem Gehorsam gegenüber seinem Nachfolgeruf gestaltet werden konnte und das Urbild von Gemeinde, nämlich das Leben der ersten Christen in Jerusalem (Apostelgeschichte 2 und 4), aufnahm. Im Herbst 1961 begannen zwei Brüder mit dem gemeinsamen Leben, dem sich bald auch Schwestern und Familien anschlossen. Welchen Namen sollten sie tragen?

Weil Jesus Christus in ihrem Leben eine so zentrale Rolle spielte, dachten die ersten Brüder zunächst an den Namen »Ökumenische Christus-Bruderschaft«. Das aber brachte sie in Verlegenheit, denn eine »Christusbruderschaft« gibt es bereits. In dieses Suchen hinein sprach ihnen ein seelsorgerlich-väterlicher Freund, Pfarrer Otto Siegried von Bibra, den Namen zu: »Ihr seid Jesus-Bruderschaft!« Nur eine Verlegenheitslösung? Nein. In dem Namenswechsel drückte sich eine Spiritualität aus, die der Pfarrer von Bibra wahrgenommen und auf den Punkt gebracht hatte. Während »Christus« als Titel in der Regel wohl eher der Ausdruck für den erhöhten Herrn ist, bezeichnet der Name »Jesus« den Gottessohn in seiner Menschwerdung. Jesus – das weist uns nach Nazareth, in den Kreis einer schlichten Familie, in die Werkstatt eines Handwerkers. Dort hat der Herr den weitaus größten Teil seines Lebens verbracht, bei seinen Eltern, denen er untertan war (Lukas 2,51), und er arbeitete mit seinen Händen für seinen Unterhalt. »Zimmermann« ist übrigens eine verkürzte Übersetzung seines irdischen Berufes: Das griechische »*tektôn*« bedeutet »Bauhandwerker« (unser Wort »Archi-tekt« kommt davon) und umfasst alle Arbeiten, die zur Errichtung eines Hauses nötig waren. Wir sehen, wie im Leben Jesu das Irdische, Menschliche und Natürliche mit seinem göttlichen Auftrag, dem »Bauen« eines geistlichen »Hauses« korrespondierten.

Für uns bedeutet also der Name Jesus, wenn wir ihn denn mit Recht führen wollen: Heiligung des Alltags, Hingabe an Gott und die Menschen in natürlichen Lebensbeziehungen, in täglicher Arbeit und im Gebet. Es heißt: Arbeit an unserem Menschsein um Gottes willen, den Blick für das Geschöpfliche als Gabe Gottes gewinnen, Nachfolge Jesu im Normalen und Gewöhnlichen leben. Zwei Stichworte sollen das abschließend verdeutlichen, die beide etwas mit der »Mitte« zu tun haben.

Mitten in der Welt mit Jesus

Das erste: »Mitten in der Welt«. Diesen Ausdruck hatten unsere Brüder (bewusst oder unbewusst) von Charles de

Foucauld und den »Kleinen Brüdern Jesu« entliehen. Diese Anleihen – beim zweiten Stichwort wird gleich noch eine weitere zu beobachten sein – zeigen unsere ökumenische Einbettung von Anfang an; sie zeigen auch, wo unsere Inspirationen herkamen, und dadurch beleuchten sie auf ihre Weise die Bedeutung unseres Namens als Jesus-Bruderschaft. Konkret heißt das Leben »mitten in der Welt«, dass wir alle einen »normalen« Beruf erlernt haben. Früher lebten wir in zahlreichen Außenkommunitäten jeweils zu dritt in einigen Großstädten im In- und Ausland, wo die Brüder und Schwestern ihren Berufen nachgingen. Später haben wir die kleinen Gruppen zugunsten von größeren Lebenszentren aufgegeben, die wir »Orte der Hoffnung« nannten (siehe oben): Gottesdienst und Gebetszeiten einerseits, Gäste- und Jugendarbeit sowie Handwerksbetriebe andererseits bestimmen dort unser Leben.[1] So ist es uns besser möglich, Menschen über eine längere Zeit hin an unserem Leben teilhaben zu lassen und gemeinsam mit ihnen das Christsein im normalen Alltag einzuüben.

Das zweite Stichwort: »Jesus in der Mitte«. Diesen Satz haben wir von der Gemeinschaft der Focolare gelernt. Er drückt das aus, was wir von Anfang an leben wollten: Jesus im Mittelpunkt, seine Jüngergemeinde um ihn herum. Nach Kolosser 1 ist Jesus ja die Mitte der Schöpfung, die Mitte der ganzen Welt. Er soll auch die Mitte unseres Lebens sein, die Mitte der Gemeinschaft. Diese Vision wurde mit unserer Gnadenthaler Brüderhaus-Kapelle in einem Zwölfeckbau umgesetzt, in dessen Mitte das bren-

---

1 In der Erstveröffentlichung dieses Beitrags war noch die Landwirtschaft genannt. Inzwischen haben wir sie sowohl in Volkenroda als auch Gnadenthal aus unterschiedlichen Gründen aufgeben müssen.

nende Licht steht: Zeichen für die Gegenwart Jesu, des auferstandenen Herrn. Dicht dabei steht der Altar: Wir feiern fast täglich die Eucharistie, das Mahl des Herrn. Da begegnen wir Jesus und empfangen ihn. Von dort her wollen wir alle Lebensbereiche durchdrungen sein lassen, auch die ganz profanen. Denn wenn Jesus als der menschgewordene Gottessohn die Mitte unseres Lebens ist, dann gibt es keinen Bereich menschlichen Lebens, der nicht auch in aller Natürlichkeit geistlich sein kann.

Frei für Gott

Jesus-Bruderschaft Gnadenthal

Seit über fünfzig Jahren lebe ich nun als unverheirateter Bruder in der Jesus-Bruderschaft. Früher wurde ich oft gefragt: »Dürfen Sie denn jetzt gar nicht mehr heiraten?« Was für eine Frage! Natürlich darf ich, wer will mich denn daran hindern? Ich bin doch frei! Aber ich will nicht. Ich habe gewählt, oder besser gesagt: Ich wurde gewählt. Jesus hat mich gerufen. Er hat mich angesprochen, und ich habe mit meinem Leben geantwortet, mit meiner ganzen Existenz. Für Ihn bleibe ich ledig – ich bin so frei.

»Hast du mich lieb?«

Aber warum tut man sich das an? Kann man denn nicht in *jeder* Lebensform Gott dienen? Ist denn die Ehe nicht auch von Gott gewollt und gesegnet? Natürlich, und man *kann* in jeder Lebensform Gott dienen. Es ist eben eine Frage der Berufung. Stellen wir die Frage mal ganz persönlich! Warum tue *ich* mir das an? Antwort: Aus Liebe. Als Jesus nach seiner Auferstehung dem Petrus begegnete, war sein Frage nicht: »Was tust du für mich? Was bist du bereit einzusetzen?« Sondern sie war ganz schlicht: »Hast du mich lieb?« Aus der Antwort auf diese Frage ergab sich seine erneuerte Berufung (Johannes 21). Als mir damals die Ahnung kam, auch ich könnte für Gott frei bleiben, fragte ich im stillen Gebet: »Herr, willst du das? Ist das mein Weg? Rufst du mich so?« Und die Antwort in meinem Innern lautete: »Hast du mich lieb?« Das ging mehrmals so in jenen Wochen. Ich war enttäuscht und auch ein wenig ärgerlich, denn meine Frage war eigentlich klar genug. Darauf hätte ich ein »Ja« oder »Nein« erwartet, aber nicht eine Gegenfrage. Später habe ich gemerkt, wie wichtig das war. Gott macht mir in solchen Sachen keine Vorschriften. Er lädt ein. Und die Frage ist, was ich aus Liebe zu Ihm zu geben bereit bin. Gott lockt mich, Gott fordert mich heraus, aber die Entscheidung muss ich selber treffen.

Dabei bin ich kein besonderer Mensch, genauso wenig wie Petrus damals. Meine Lebensform ist keine Auszeichnung für irgendetwas. Ich bin Jesus oft genug davongelaufen oder habe meinen eigenen Kopf durchgesetzt. Einen Anruf kann man sich eben nicht verdienen oder erarbeiten. Er trifft einen. Voraussetzungslos, jedenfalls was die persönlichen Qualitäten anbelangt. Und bei mir begann alles mit dieser umwerfenden Frage: »Hast du mich lieb?« Und deshalb: Aus Liebe bin ich frei geblieben, frei für Gott, frei für Jesus und damit auch frei für die Menschen und für das Reich Gottes.

In Treue zur Liebe stehen

»Und wenn dir eines Tages eine hübsche Frau über den Weg läuft?« Die Leute können es nicht lassen, dumme Fragen zu stellen. Aber so dumm ist sie dann auch wieder nicht, denn das ist ja ganz natürlich. Es laufen mir ständig Menschen über den Weg. Selbstverständlich sind darunter auch hübsche Frauen. Und was heißt hier »eines Tages«? In über fünfzig Jahren ist mir das nicht nur einmal, sondern mehrmals geschehen. Aber was bedeutet das schon? Wenn es ein verheirateter Mann ist, der mit dieser Frage kommt, frage ich meistens zurück, ob ihm das nicht auch schon passiert wäre. Und? Meistens lächelt er dann und versteht. Es ist in solchen Fällen immer die Frage, wie viel mir meine erste Entscheidung wert ist und wie weit sie trägt. Bin ich aus Liebe frei geblieben, heißt das auch, dass ich in Treue zu meiner Liebe stehe. Dieser Herausforderung muss sich jeder stellen, ob verheiratet oder nicht, weil das normal und menschlich ist. Ich nehme in einem solchen Fall dankbar zur Kenntnis, dass es hübsche Frauen gibt, und gehe weiter.

Leben mit den »Evangelischen Räten«

Aber wie kann so ein Leben heute gestaltet werden? In den evangelischen Kommunitäten ist häufig die Rede von den drei »Evangelischen Räten«. Das sind nicht etwa irgendwelche evangelischen Ratsherren im Unterschied zu katholischen, sondern »Ratschläge« des Evangeliums, Hinweise, Tipps für ein gelingendes Leben. In ihrer klassischen Form heißen sie: Armut, Keuschheit und Gehorsam. Um von diesen schwierigen und altertümlichen Worten wegzukommen, sagen manche dazu: »Schlichtheit, Reinheit und Anerkennung einer Autorität«, oder: »Gütergemeinschaft, Ehelosigkeit und Gehorsam der Leitung gegenüber«.

Armut (Schlichtheit) heißt für uns Brüder in meiner Gemeinschaft Einfachheit des Lebensstils, z. B. in Kleidung, Essen oder Urlaubsgestaltung. Es heißt für uns, alles miteinander zu teilen: unser Einkommen (gemeinsame Kasse), unsere Gaben, Zeit und Kraft. Auch unsere Grenzen teilen wir miteinander, wo wir einander zur

Last und zur Aufgabe werden. Es heißt weiter, dass wir für unseren Lebensunterhalt selbst aufkommen, indem wir dafür arbeiten. Das scheint eine Selbstverständlichkeit zu sein; wir wollen aber damit sicherstellen, dass wir nicht von Spenden oder von öffentlichen Geldern leben. *Armut* ist Ausdruck der Liebe. Sie besteht jedoch nicht in Ärmlichkeit. Unsere Häuser beispielsweise sind schön, damit die Menschen, die bei uns einkehren, sich wohlfühlen und Gottes Schönheit aufnehmen können. Das setzt aber voraus, dass wir selbst in diesen Häusern in der Klarheit und Schönheit des Evangeliums leben.

Keuschheit (Reinheit) heißt für uns, Jesus über alles und alle zu lieben. Es heißt für uns, von keinem Menschen Besitz zu ergreifen, damit er vor Gott die Freiheit hat, ganz er selbst zu sein. Sie bedeutet nicht Rückzug aus menschlichen Beziehungen, sondern eröffnet Kommunikation, aber so, dass mein Gegenüber ein selbständiges Du bleiben kann. Ich mache ihn oder sie nicht zu meinem verlängerten Ich. *Keuschheit* heißt weiter, dass wir uns von nichts gefangen nehmen lassen, nicht von Dingen, nicht von Besitztümern oder Ereignissen, auch nicht von unseren Aufgaben, unseren (Miss-)Erfolgen oder von uns selbst. Auch *Keuschheit* ist Ausdruck der Liebe. Sie bedeutet nicht Verneinung der Sexualität, sondern konstruktiven Umgang mit ihr. Allerdings leben wir noch nicht im Himmel. Rein biologisch sind wir alle auf körperliche Gemeinschaft hin angelegt. Deshalb sagte der Jesuit P. Georg Mühlenbrock (1915–1996) ganz nüchtern, dass da auch eine Wunde bleibt. Es *ist* ein Verzicht, auch wenn er um des Reiches Gottes willen geschieht. Das steht nicht immer im Vordergrund, aber mitunter macht es sich bemerkbar. Letztlich ist es die Liebe, die Gott zu mir hat, in der meine kleine Liebe zu ihm wurzelt. Sie ist der Kern der Berufung. Wenn sie auswandert oder abstirbt, wird ein Leben unter den Evangelischen Räten leer und sinnlos.

Gehorsam (Anerkennung einer Autorität) ist für uns eine Hilfe, im gemeinsamen Hören mit verantwortlichen Geschwister den Willen Gottes zu erfragen, indem wir die eigenen Wünsche und Erkenntnisse offen äußern und bereit sind für das, was sich aus dem Hören der anderen an Bestätigung oder Korrektur ergeben mag. Es heißt für uns, die Berufung der eigenen Gemeinschaft anzuerkennen und sich mit den eigenen Gaben einzubringen, um sie zu fördern. Es heißt weiter, dass wir uns von der Bruderschaft in jede Aufgabe und an jeden Ort senden lassen, wo unsere Gabe und unser Dienst gefragt sind. *Gehorsam* ist ebenfalls Ausdruck der Liebe. Er besteht nicht darin, die Verantwortung für das eigene Leben abzulegen, sondern darin, es bewusst in einen verbindlichen Lebensrahmen zu stellen und demgemäß aktiv zu gestalten.

Wenn man die Evangelischen Räte so versteht, helfen sie uns, alle Bereiche unseres Lebens mit Hilfe der Gemeinschaft, in die Jesus uns berufen hat, so stark wie möglich auf Gott zu beziehen. Dadurch gewinnt unsere Liebe zu Gott und den Menschen in der Nachfolge Christi konkrete Gestalt.

Vorbild Urgemeinde

Für uns war von Anfang an die erste Gemeinde in Jerusalem, von der die Apostelgeschichte berichtet, ein Vorbild. Von ihr heißt es, dass alle alles miteinander teilten, was sie besaßen (Apostelgeschichte 4,32). Von hier stammt die Idee mit der »gemeinsamen Kasse«. Konkret heißt das, dass wir alle unsere Einkünfte auf ein Konto einzahlen, aus dem wir dann unseren Lebensunterhalt bestreiten. Jeder erhält einen Vorschuss, der beliebig erhöht werden kann, aber darüber muss dann von jedem Einzelnen am Monatsende abgerechnet werden, damit wir unsere Kosten im Blick behalten. Manche glauben am Anfang, die gemeinsame Kasse sei *die* Härte des Lebens in der Kommunität. Wenn sie erst mal dabei sind, merken sie, dass das die leichteste Übung ist. Das Menschlich-Allzumenschliche im täglichen Leben ist eine viel größere Herausforderung.

Regelmäßige Gottesdienste und Gebetszeiten sind auch im Vorbild der »Urgemeinde« begründet (Apostelgeschichte 2,42). Sie helfen uns, das gemeinsame Leben zu gestalten, ihm einen Rhythmus im Tageslauf zu geben und das gemeinschaftliche Beten zu formen. Natürlich betet jeder Einzelne auch persönlich, und in kleinen Gruppen beten wir auch frei (»Gebetsgemeinschaft«), aber die überlieferten Tageszeitgebete mit ihrem Psalmengesang, den Lesungen, Hymnen und geformten Bitten helfen uns, als *ein Leib gemeinsam* vor Gott zu stehen. An den Wendepunkten des Tages: morgens, mittags und abends, steht das gemeinsame Gebet. So soll unser ganzes Leben eingebunden sein in das Stehen vor Gott, in Sein Lob und in die Bitte um Seinen Beistand.

Geistliche Begleitung

Keiner soll ohne einen geistlichen Begleiter sein, wobei es freigestellt ist, ob man ihn innerhalb der Gemeinschaft oder außerhalb sucht. Man sollte nur in Offenheit darüber Rechenschaft ablegen, an wen man sich wendet. Geistliche Begleitung und/oder Seelsorge ist eine große Hilfe dafür, dass man auf dem inneren Weg bleibt. Da kann man über alles reden, über schwierige Erfahrungen, über schwierige Brüder (doch, die gibt's, manchmal bin ich es selbst für andere ...), über Fragen oder Probleme bei der Arbeit, Lustlosigkeit zum Beten, und, ja: auch darüber, dass einem »eine hübsche Frau über den Weg gelaufen« ist. Mit dem Begleiter kann man beten, Rat und Trost empfangen, beichten und den Zuspruch der Vergebung hören. Da passt einfach alles hin, was mich bewegt.

Verpflichtung – für immer?

Muss man sich auf diesen Lebensstil verpflichten? »Muss« ist schon mal das falsche Wort. Jesus hatte gesagt: »Wer es begreifen kann, möge es begreifen« (Matthäus 19,12). Aber wenn ich mich zum gemeinsamen Leben berufen weiß, dann ist es letztlich eine Liebesgeschichte, auf die ich mich einlasse, und die Liebe will Gestalt gewinnen. So wie sich Liebende einander versprechen, so ist es sinnvoll, sich auch auf das Leben unter den Evangelischen Räten durch ein Versprechen einzulassen. Auf den ersten Blick scheint das der Freiheit zu widersprechen. Aber das Gegenteil ist der Fall. Nur so gewinnt mein Wunsch, aus Liebe zu Jesus für Gott und sein Reich ganz frei zu sein, Kontur und Festigkeit. Bei uns heißt solch ein Versprechen mit dem lateinischen Fremdwort »Profess«, das bedeutet: Bekenntnis. Ich habe mich damals zu meiner Berufung bekannt, und das öffentlich in einem Gottesdienst vor Gott und meinen Geschwistern. Das war zehn Jahre nach meinem Eintritt: Es gibt Probezeiten, und es musste Raum geben für »trial and error«, bevor ich eine so tiefgreifende Lebensentscheidung traf.

Heißt das im Umkehrschluss: Man kann auch wieder austreten? Klar, kann man. Wie ich am Anfang schon sagte: Wer will mich denn daran hindern? Trotzdem habe ich das nicht von vornherein mit eingeplant, sonst hätte ich ja meine Berufung von Anfang an mit einem Fragezeichen versehen. Dann hätte schon gleich nichts daraus werden können. Aber trotzdem kann es passieren, dass man an der Berufung scheitert. Damit ist immer auch eine gewisse Tragik verbunden, ein Schmerz. Deshalb ist dann eine sehr gute Begleitung nötig, damit einer oder eine ohne größeren inneren Schaden die Gemeinschaft wieder verlassen kann. Viele Kommunitäten haben auch für diesen Schritt ein Ritual entwickelt, in dem man das eigene Versprechen wieder an Gott zurückgeben kann mit der Bitte um sein Erbarmen und seine Weiterhilfe. Ich selbst war einige Male an dem Punkt, wo ich dachte: Kann ich das hier weiterleben? An meiner Berufung als solcher hatte ich nie Zweifel, wohl aber daran, ob ich ihr gewachsen bin, und auch daran, ob mir die Lebensumstände unter uns den Raum geben, dass ich atmen kann.

Letztlich macht Gott ja auch nichts anderes mit uns, als dass er immer wieder die Enttäuschungen erträgt, vergibt und mit uns weitergeht. Jeden Tag gibt er uns eine neue Chance und fängt neu mit uns an. So können auch wir jeden Tag neu miteinander anfangen. Und mit Gott, für den wir frei sein dürfen. *Seine* Gegenwart gibt unserem Leben den verborgenen Glanz. Das Besondere ist nicht unsere Lebensform. Das Besondere ist ER. Er ist es zwar für alle Menschen. Aber manchmal kann unser Leben ihnen helfen, dass sie es entdecken und den Mut gewinnen, an ihrem Ort aus dieser Quelle zu schöpfen.

Auszug aus: Franziskus Joest, Frei für Gott. Ehelos? Um Himmels willen! (Münsterschwarzacher Kleinschriften 196) Münsterschwarzach: Vier-Türme-Verlag 2016.

Die Familienkommunität der Jesus-Bruderschaft

Zusammen mit mehreren Mitgliedern der Familiengemeinschaft geschrieben

Man kann ja Jesus in *jedem* Stand nachfolgen. Das Reich Gottes ist (zum Glück) nicht auf Zölibatäre beschränkt. Schon in den ersten Jahren, als die Brüder noch alleine in Ostfriesland lebten, interessierten sich ein Ehepaar und eine Witwe für ihr geistliches Leben. Auch später in Ludwigshafen nahmen außer den ersten jungen Frauen auch schon einige Familien aus der Nähe am Hausbibelkreis der Familie *Bangel* teil. Die menschlichen Beziehungen dieser jungen Christen waren von beiden Seiten von Freundschaft, Liebe und Herzlichkeit geprägt. Als 1964 die Schwesternschaft entstand, änderte sich das nicht. Allen gemeinsam war die Sehnsucht nach einer Gemeinschaft, die von Jesusliebe geprägt ist.

Schließlich trafen sich mehrere Familien in Raunheim und beschlossen, sich der Jesus-Bruderschaft anzuschließen. Das war 1968, und es geschah nicht zufällig gerade dann. Denn in dieser Zeit gärte es allgemein in der Gesellschaft. Es wurde mit neuen Lebensformen experimentiert. Die Kommunen entstanden. Man brach aus den Grenzen und Normen der »bürgerlichen« Welt aus und suchte neue Wege. Diese Bewegung ergriff auch viele Christen, wenngleich die Motive andere waren. An mehreren Orten entstanden Familienkommunitäten.[1]

---

1 Zum Beispiel das »Lebenszentrum für die Einheit der Christen«

Als die Jesus-Bruderschaft ihr Zentrum von Ludwigshafen nach Gnadenthal im Taunus verlegte, fingen drei Familien, nämlich Günter und Ilse-Brigitte *Oertel*, Andreas und Barbara *Felger* sowie Dieter und Waltraud *Walter*, im Einvernehmen mit der Leitung der Jesus-Bruderschaft im benachbarten Bad Camberg an, diesen Wunsch nach christlicher Gemeinschaft als Familien zu realisieren. Zunächst wohnten und arbeiteten sie in zwei Reihenhäusern einer Neubausiedlung, ab 1971 dann in eigenen Häusern auf einem gemeinsamen großen Grundstück, das den Flurnamen »Goss« trägt. Doch die Familien blieben nicht lange zu dritt: Bald stellten sich weitere Mitbewohner ein, z. B. Jens und Christiane *Wolf* oder Christa *Möller*, so dass sie zusammenrückten und ihre Wohnungen mit Neuankömmlingen teilten. Der »Wohnhof Goss« ist heute noch Bestandteil der Jesus-Bruderschaft mit einer generationsübergreifenden Familienwohngemeinschaft.

Mit den erlernten Berufen der Familienväter traf es sich gut: Dieter *Walter* war Bauingenieur mit dem Schwerpunkt Statik, Günter *Oertel* war ebenfalls Bauingenieur mit dem Schwerpunkt Planung, und Bernd *Hanke*, der kurze Zeit später mit seiner Frau dazukam, war Diplom-Ingenieur. Gemeinsam betrieben sie ein Baubüro und verdienten so ihren Lebensunterhalt. Mit der Gestaltungskraft von Günter *Oertel* sowie Andreas und Barbara *Felger* und gemeinsam mit befreundeten Architekten (vor allem Günter *Hornschuh* von der Planungsgruppe Stieldorf) prägten sie nach 1984 entscheidend das

---

auf Schloss Craheim, das »Oekumenische Lebenszentrum Ottmaring« in Friedberg bei Augsburg und die »Offensive junger Christen« (OJC), damals in Bensheim, heute in Reichelsheim im Odenwald.

Erscheinungsbild des Dorfes und ehemaligen Klosters Gnadenthal. Auch das Werk- und Studienzentrum Hennersdorf und das Kloster Volkenroda tragen ihre Handschrift.

Aber wie lebt man denn nun so als Familienkommunität? Ihre Motivation war Jesus-Nachfolge als Familien leben wie die Schwestern und Brüder in den Gebetszeiten und in Gütergemeinschaft: möglichst radikal.

Das gemeinschaftliche Leben als Familien musste aber erst neu geprägt werden: das Leben im Alltag teilen, ganz praktisch, mit Jesus als Mittelpunkt; gemeinsam Lebensraum gestalten, in dem Begegnung mit Gott, mit anderen, mit mir selbst und mit den Kindern möglich ist. Das Geschenk der Vergebung und Versöhnung wurde prägend für den Beziehungsalltag. Das biblische Wort, dass die Sonne nicht über unserem Zorn untergehen soll (vgl. Epheser 4,26), hat sich als äußerst hilfreich für die Beziehung erwiesen: Wenn man Streitsituationen vor dem Schlafengehen anspricht und bereinigt, kann sich kein bitterer Groll festsetzen.

Schon 1972 entstand die »Familien-Lebensschule«, das heißt, dass die ersten Häuser für junge Familien und auch Alleinerziehende geöffnet wurden. Für die Teilnehmer der Familien-Lebensschule hieß das, für ein Jahr beruflich und finanziell kürzerzutreten, um miteinander das Gemeinschaftsleben zu üben und Zeit für das gemeinsame Beten und Arbeiten im Lebens- und Gebetsrhythmus der Jesus-Bruderschaft zu haben.

Das Leben der Familiengemeinschaft war aber nicht nur von Arbeit geprägt, sondern es entwickelte sich auch eine gewisse Festkultur, in die die Kinder ganz mit hineingenommen wurden. Samstagabends wurde die Sonntagsbegrüßung eingeführt, seit den neunziger Jahren auch das »Familien-Forum«. Gründe zum Feiern gab es viele: Hochzeitstage oder Babyshower (ein sehr fröhlicher Abend von Frauen, um das Baby und die Mutter vor der Geburt zu segnen und auch mit kleinen Geschenken zu »überschütten«). Durch das Künstlerehepaar Barbara und Andreas *Felger* gab es des Öfteren Kunstausstellungen, bei denen die Jugendlichen die Gäste bedienen durften, was sie als großes Privileg empfanden und mit Freude gemacht haben. Nicht wegzudenken sind die sogenannten »Tütelabende«, das gemeinsame Kuvertieren von Freundesbriefen oder dem Spenderdank an Freunde, wo es für alle auch immer etwas Leckeres zu essen gab.

Die Kinder werden von ihren eigenen Eltern erzogen, wobei auch die Väter einen entscheidenden Anteil haben, der nicht delegierbar ist. Nur einmal in der Woche gibt es ein Gemeinschaftsessen und bei besonderen Festen und Anlässen. Im Übrigen hat jede Familie ihren eigenen Wohnbereich und kocht für sich selbst. Es gibt keine frommen Vorgaben wie z. B. Teilnahme an den Gebetszeiten der Kommunität. Die Kinder werden in Freiheit erzogen. Das Erziehungsziel ist Lebenstüchtigkeit. Sport und Musik spielen eine große Rolle, Kreativität und vor allem das Gemeinschaftsleben. Für verschiedene Ereignisse wurden Singspiele eingeübt. Für die Älteren gab es von Anfang an bis heute die Pfingstjugendtagung, das »Pfingstmosaik«. Genauso wichtig war es auch, den Kindern Verantwortung zu geben, im Kleinkindalter für kleine Dinge, z. B. für ein Tier, im Älterwerden für größere Aufgaben in der Familie oder darüber hinaus.

Als hilfreiches Ritual hat sich bewährt, die Kinder morgens zu segnen, wenn sie aus dem Haus gehen zur Schule oder in den Kindergaren, auch mit ihnen in schwierigen Situationen zu beten und für Gelungenes zu danken. Zu den schönen Bräuchen gehört auch die Sonntagsbegrüßung am Samstagabend mit dem Rückblick auf die Woche und auf alles, wofür man dankbar ist. So wachsen die Kinder in die Kultur der Jesus-Bruderschaft hinein. Es wird aber nicht von ihnen erwartet, dass sie automatisch in die Gemeinschaft eintreten, im Gegenteil. Hier gibt es keinen Automatismus, sondern die Kinder müssen auf jeden Fall erst einmal hinaus zur Ausbildung, zum Studium oder zu einem freiwilligen Jahr und lernen, auf eigenen Beinen zu stehen.

Die Beziehung, die unsere Bruderschaft zu einer Kommunität in Ann Arbor, Michigan (USA), hatte, brachte intensive internationale Kontakte unter den Jugendlichen, was auch für unsere Kinder ein große Bereicherung und Chance war. So erweiterte sich ihr Horizont. Offenheit für Ökumene war selbstverständlich. Sollte unter ihnen der Wunsch aufkommen, sich der Jesus-Bruderschaft anzuschließen, muss das ihre eigene freie Entscheidung sein.

Aus der gemeinsamen Besinnung auf unsere Ziele und Werte für Ehe und Erziehung entstand 1973 das erste Eheseminar, zuerst für unsere eigenen Familien, aber dann sofort auch Jahr für Jahr als ausgeschriebene Tagungen zu Ehe-, Familien- und Erziehungsfragen. Unter anderem geht es dabei auf biblischer Grundlage um Hilfen zur Konfliktbewältigung, Einübung von gelingender Kommunikation, um das Lernen, konstruktiv zu streiten mit dem Ziel, die Beziehung zu erhalten und zu vertiefen, und darum, Versöhnung zu suchen und zu gewähren. Auch Tagungen unter dem Thema »Verliebt-Verlobt« oder »Väter-Söhne«, »Mütter-Töchter« wurden zum ersten Mal konzipiert und angeboten, ebenso die »Männerwochenenden«. Aber »Ziel unseres Zeugnisses ist [...] nicht Mitgliedschaft in der Familienbewegung«, sondern Ermutigung »aus der Liebe Gottes heraus zum verbindlichen geschwisterlichen Leben in vorhandenen Gemeinden und Kirchen«.[2]

Neben der Bibel als verbindlicher Grundlage für alle gab es auch immer Angebote von hilfreichen Büchern. Besonders wichtig waren (wie bei den ledigen Geschwistern) Dietrich Bonhoeffer, »Gemeinsames Leben«[3], Romano Guardini, »Der Herr«[4], oder Martin Buber, »Der Weg des Menschen nach der chassidischen Lehre«[5].

Man kann sagen, dass die ersten zwanzig Jahre der Familiengemeinschaft Pioniercharakter hatten. Es wurde experimentiert; man war in vielem der Zeit voraus, z. B. wurde intensiv Wasser gespart, die Autos geteilt, in vielen Bereichen auf Umweltverträglichkeit geachtet, vor allem dann später in der Landwirtschaft. Diese wurde schrittweise in einen »Bioland-Betrieb« umgestellt. Die Motivation war der schonende Umgang mit dem Boden, damit die nächsten Generationen auch noch darauf leben können.

Ein wichtiger Baustein waren die Sommerakademien, die Dr. Karl-Heinz *Michel* (1946–2006) noch vor der Wende 1989 ins Leben rief und alljährlich fortführte. Ziel war es, junge Menschen zu ermutigen und zu befähigen, Verantwortung aus Glauben in der Gesellschaft zu übernehmen.

Das gemeinsame Leben innerhalb der Familiengemeinschaft soll nach wie vor keine fromme Übung sein, auch kein Selbstzweck. Die Familienmitglieder sind

---

2 Aus der »Ordnung der Jesusfamilien« von 1975.
3 Hg. v. Peter Zimmerling, 2. Aufl., Brunnen-Verlag, 2023.
4 21. Aufl., Matthias Grünewald-Verlag, 2021.
5 19. Aufl., Gütersloher Verlagshaus, 2001.

einem Ruf und der Liebe Gottes gefolgt. Sie bemühen sich um ein klares Leben, wie es viele Christen tun. Das, was Gott ihnen als Familien der Jesus-Bruderschaft geschenkt hat, möchten sie weitergeben.

Die Familie ist die kleinste Zelle in Kirche und Gesellschaft. Sie steht unter Gottes besonderem Schutz und Segen. Familienleben ist anders als das Leben der zölibatären Schwestern und Brüder. Dennoch gehören die Familien ganz dazu. Sie sind nicht ein äußerer Ring um die zölibatären Geschwister, sondern bilden mit ihnen zusammen den Kern der Jesus-Bruderschaft. Dieses spannende und spannungsvolle Miteinander ist ein Alleinstellungsmerkmal unserer Kommunität.

Einheit, Vielfalt – und Konflikt

Das Vorbild des Dreieinigen Gottes

In den ersten Jahren unserer Gemeinschaft hatte jedes Stille Wochenende dasselbe Thema: »Vom Ich über das Du zum Wir; Vater, Sohn, Heiliger Geist – Dreieinigkeit«. Es ging um den Ruf zum gemeinsamen Leben, zur Gemeinschaft, die Gott *schenkt*, weil er Gemeinschaft *ist*. Man kann in den Evangelien gut beobachten, wie eine Person Gottes der anderen den Vortritt lässt. Der Vater sagt: »Dies ist mein lieber Sohn, an dem ich Wohlgefallen habe; den sollt ihr hören!« (Matthäus 17,5) Er weist von sich weg auf den Sohn. Jesus aber sagt: »Meine Lehre ist nicht von mir, sondern von dem, der mich gesandt hat« (Johannes 7,16). Er weist wiederum von sich weg zurück auf den Vater. Und vom Heiligen Geist sagt er: »Es ist gut für euch, dass ich weggehe. Denn wenn ich nicht weggehe, kommt der Tröster (der Heilige Geist) nicht zu euch« (Johannes 16,7). Jesus freut sich geradezu, dem Heiligen Geist Platz zu machen. Der wiederum »wird nicht aus sich selber reden; sondern was er hören wird, das wird er reden« (Johannes 16,13). Diese Bibelstellen wurden für uns wichtig, denn sie beschreiben den ewigen Kreislauf der Liebe, der in Gott selbst lebendig ist.

»Gott ist Liebe« (1. Johannes 4,8.16). Liebe aber existiert nicht solo, sie hat ein Gegenüber, an das sie sich verschenkt.[1] Wenn Christus nach dem Johannesevangelium das ewige Wort ist, das unser Fleisch angenommen hat, dann gibt es also *in* Gott dieses lebendige Gegenüber. Nicht der Vater ist Mensch geworden, sondern das Wort, der Logos, der auf Erden den menschlichen Namen Jeschua, Jesus, erhalten hat. Nicht der Vater ist an Pfingsten auf die Jüngergemeinde ausgegossen worden, sondern der Geist. Aber gleichzeitig heißt es: Gott *war in* Christus (2. Korinther 5,19). Und mit der Geistausgießung werden auch Vater und Sohn in den Gläubigen gegenwärtig (vgl. Johannes 14,23).

Verstandesmäßig kann man das nicht begreifen. Aber die Jünger haben es so erfahren. Es ist ein Geheimnis, aber kein Rätsel (Sr. Anna-Maria aus der Wiesche, 1952–2020). Ein Rätsel kann man nämlich lösen, und danach ist es langweilig. Ein Geheimnis kann man nicht lösen. Man kann es bezeugen, man kann darauf hindeuten, man kann etwas erahnen – und man kann anbeten. Eine schwache Analogie könnte uns die Physik liefern: Beim Sonnenlicht lassen sich die Helligkeit, die Wärme und die Strahlung unterscheiden. Es sind drei verschiedene und getrennt voneinander zu messende Eigenschaften des Lichtes. Und doch kann man nie das eine ohne die anderen haben, das Licht kommt immer als Ganzes zu uns. Ein behelfsmäßiges Bild, zugegeben, aber immerhin.

Die Ikone von Andrej Rubljow

Das ist nirgendwo so anschaulich dargestellt wie in der Dreifaltigkeitsikone von Andrej *Rubljow*. Deshalb hat sie

---

[1] Ausführlich dazu s. den Beitrag: Der dreieine Gott und die Gemeinschaft der Menschen, in diesem Band S. 174–187.

uns von Anfang an fasziniert. Genau genommen hat Rubljow nicht die Dreifaltigkeit abgebildet (das kann kein Mensch!), sondern die drei Engel, die Abraham zur Zeit der größten Mittagshitze im Hain Mamre besuchten (vgl. Genesis/1. Mose 18). In diesen drei, die Abraham als »mein Herr« (Einzahl!) begrüßte, haben schon die ersten Christen einen Hinweis auf den dreieinigen Gott gesehen. Rubljow hat sie so genial dargestellt, dass die Figuren, die ja definitiv drei sind, doch eine geschlossene Einheit bilden: die Hinwendung ihrer Köpfe und das Spiel ihrer Gesten deuten eine lebendige Beziehung an. Sie sind einander so zugeordnet, dass man einen geschlossenen Kreis um sie ziehen kann, der alles Wesentliche umfasst.

Das Bild dieser Ikone hat uns in den ersten Jahren überall hin begleitet. Es hing in jedem Gästezimmer im Haus der Stille. Es hängt bis heute in unserer Brüderhauskapelle in Gnadenthal, in der Klosterkirche in Volkenroda, im Gebetsraum in Hennersdorf und in Latrun. Das hat seinen Grund: Der dreieinige und dreifaltige Gott ist das Urbild von Gemeinschaft. Er ist die Einheit in der Vielfalt und die Vielfalt in der Einheit. Über Vielfalt in unserer Gemeinschaft können wir uns nicht beklagen. Und das Einssein ist unsere Berufung und unser Auftrag. Deshalb schauen wir auf IHN.

Wenn wir den dreieinen und dreifaltigen Gott betrachten, erkennen wir also: »Einheit und Vielheit sind gleichursprünglich«.[2] Das heißt, es gibt keine verborgene Einheit noch »hinter« den drei Personen, die Einheit liegt *in* der Verschiedenheit. Das klingt jetzt äußerst philosophisch, aber es lässt sich sofort eine ganz prak-

---

2 Gisbert Greshake in: Neue Stadt, April 2006, 5.

tische Anwendung daraus ableiten: Unsere Einheit, die wir in der Jesus-Bruderschaft anstreben, darf in keinem Fall unsere Unterschiede verwischen, einebnen oder zum Verschwinden bringen. Das wäre Vereinnahmung, Dominanz der einen über die anderen, Auslöschen der Identität der einzelnen Mitglieder. Umgekehrt darf die Verschiedenheit nicht so groß werden, dass sie unsere Zusammengehörigkeit zerreißt. Wenn jeder auf seiner Eigenart beharrt ohne Rücksicht auf andere und sich mit aller Kraft durchzusetzen versucht, kann keine Gemeinschaft existieren. Von Gott können wir lernen, einander den Vortritt zu lassen.

Damit ist angesprochen, wie Gemeinschaft gelingen kann. Wer seine Identität gefunden hat, kann sich geben, sich an die Gemeinschaft hinschenken, kann sich aber auch abgrenzen, wo das notwendig ist. Diese Balance ist nie endgültig austariert, es ist ein lebendiger Prozess, der uns unser Leben lang begleiten wird.

Das ist idealistisch? Ja. Das ist übermenschlich? Ja. Es ist das Vorbild des dreieinigen Gottes, und es gelingt ansatzweise nur, wenn ER es in uns lebt. Wir müssen immer neu darum beten, das müssen wir immer neu erglauben, und darum müssen wir immer neu miteinander ringen, dass uns das geschenkt wird. Die eigene Identität zu finden, ist eine große menschliche Aufgabe, und so einfach ist sie gar nicht. Aber wir dürfen und sollen einander dazu helfen.

Das ist unser Bild von Gemeinschaft. Darin liegt im Kern unsere Vision von Ökumene verborgen. Darin steckt unsere Auffassung von Völkerverständigung. Darin ist das Bekenntnis enthalten, dass es unauflösbare Spannungen gibt, dass diese untrennbar zum Leben gehören, es sogar fruchtbar machen können, und dass sie durch Gebet und in der Liebe auszuhalten und durchzutragen sind. Und dass es bei den Menschen unmöglich ist, aber bei Gott sind alle Dinge möglich. Wir leben von Seiner Gnade.

Harmoniegemeinschaft? Von wegen!

Jesus hat gebetet, »dass sie alle eins seien« (Johannes 17,21). Und das Leben der Urgemeinde als »ein Herz und eine Seele« ist ein anziehendes Ideal (Apostelgeschichte 4,32). Also alles in bester Harmonie? Wir sehen aber andererseits, unter welchen Spannungen die ersten Christen standen, wie sie kämpfen und um den rechten Weg ringen mussten inmitten unterschiedlicher Überzeugungen (z. B. Apostelgeschichte 15). Und gelegentlich muss Paulus mit seinen Gemeinden regelrecht schimpfen (besonders im Galater- und im 2. Korintherbrief). Ja, es konnte sogar zwischen den Aposteln massiver Streit aufkommen, so dass sie sich zeitweilig trennten (Apostelgeschichte 15,36–41; Galater 2,11–18). Da merken wir: So ideal, wie es im ersten Moment klingt, war die Wirklichkeit nicht.

Und hier kommt Bonhoeffer ins Spiel. Denn in seinem Buch »Gemeinsames Leben«, das früher bei uns Pflichtlektüre war, schreibt er: »Christliche Bruderschaft ist kein Ideal, sondern eine göttliche Wirklichkeit«. Sie ist aber »eine pneumatische (d. h. geistgewirkte) und nicht eine psychische Wirklichkeit«. Und so unterscheidet er im Folgenden die »geistliche« von der »seelischen« Gemeinschaft.

In der seelischen Gemeinschaft gehe ich davon aus, dass alles und alle dazu mitwirken, dass ich mich wohlfühle, dass es mir gut geht, dass mir niemand einen Anstoß oder ein Ärgernis gibt. Damit unterwerfe ich aber die anderen meinen eigenen Bedürfnissen und mache sie abhängig von meiner Gefühlslage. Oder ich hänge mich emotional an die anderen und mache mich in meinem Selbstwertgefühl von ihrer Zuwendung abhängig. In einer seelischen Gemeinschaft darf es keine Konflikte geben, denn die stören die ersehnte Harmonie. Es führt aber zu einer subtilen Art von Erpressung.

Das kann natürlich nicht funktionieren, oder es funktioniert nur so lange, wie alle bereit sind, sich zu verbiegen »um des lieben Friedens willen«. Aber in dem Moment, wo jemand widerspricht, wo er andere Ansichten äußert, die dem internen Mainstream zuwiderlaufen, wo er sich widersetzt, in dem Moment wird der andere zum Störenfried, gar zum Feind. Da wir aber sehr unterschiedliche Menschen sind mit unterschiedlichen Charakteren, Lebensgeschichten, Bedürfnissen und Begabungen, können solche Konflikte gar nicht ausbleiben. Dann setzt die große Enttäuschung ein: *So* habe ich mir christliche Gemeinschaft *nicht* vorgestellt. Ja, wie denn sonst, wenn es schon bei den Aposteln nicht anders war?

Jesus steht zwischen uns

Die Einheit, um die Jesus gebetet hat, ist nicht von uns aus herstellbar, auch nicht durch regelkonformes Verhalten. Sie ist ein göttliches Geschenk, setzt aber die Arbeit an unseren Beziehungen voraus. Schon wenn wir uns den Jüngerkreis anschauen, erkennen wir die ungeheuren menschlichen Spannungen, die da geherrscht haben müssen: Matthäus war ein Zöllner. Ein gewisser Simon aber war Zelot (Lukas 6,15). Zeloten waren Leute, die Zöllner in der Regel bis aufs Messer bekämpft haben, weil sie Kollaborateure der römischen Besatzungsmacht waren. Wie haben die es nur miteinander ausgehalten?

Die Antwort können wir wieder mit Bonhoeffer formulieren: Ein Christ kann nur durch Jesus Christus zum anderen kommen. Jesus steht zwischen uns. Er trennt uns, und er verbindet uns. Da beginnt die geistliche Gemeinschaft. Da lernen wir, einander durch Jesus hindurch zu begegnen, da lernen wir auch, einander auszuhalten, weil Jesus es tut. Da lernen wir, mit Spannungen zu leben, die wir nicht auflösen können, und trotzdem beieinander zu bleiben. Da lernen wir dann auch, Konflikte offen anzusprechen und nach Lösungen zu suchen, anstatt sie unter den Teppich zu kehren.

Das ist bei Bonhoeffer ziemlich idealtypisch gesagt, und darin liegt die Stärke und zugleich die Schwäche in seinen Ausführungen: Er bringt es auf den Punkt und schärft das Profil der Gegensätze, aber so eindeutig lassen sich Seele und Geist im praktischen Leben nicht trennen. Es *darf* auch Freundschaft geben in der Gemeinschaft. Es gibt auch Geschwister, die mir mehr, und andere, die mir weniger sympathisch sind. Das *ist* einfach so. Nur sind das keine letzten Maßstäbe. Und es darf keine exklusive Gemeinschaft in der Gemeinschaft geben, da muss immer Offenheit auch für andere sein. Und immer gilt die Grundregel, dass ich die anderen nur durch Jesus Christus hindurch ansehen und aufnehmen kann.

In unserer Anfangszeit – da waren wir alle etwa gleich alt, oder besser gesagt: gleich jung – hatten wir das zwar bei Bonhoeffer gelesen, aber es war noch nicht zu unserer Erfahrung geworden. Rückblickend gesagt, waren wir eine sehr unreife Gemeinschaft. Das betraf allerdings mehr die zölibatären Brüder und Schwestern.

Die Eheleute hatten von Anfang an ein ganz anderes, konkretes Übungsfeld, weil sie durch ihre Familien viel mehr geerdet sind.[3] Die Spannung zwischen den Geschlechtern ist ja unausweichlich. Sie ist in die Schöpfung hineingelegt. Sie kann zur Zerreißprobe werden, aber sie kann auch fruchtbar sein. Offenbar hat sich das der Schöpfer schon von Beginn an so gedacht, dass Spannungen zum Leben gehören, weil sie es bereichern – eben spannend machen.

Im Laufe der Zeit ist uns aufgegangen, dass das ja auch in Gott selbst schon so ist. Er ist als der Dreieine das Urbild von Gemeinschaft, weil – wie wir gesehen haben – sein Einssein die Verschiedenheit von Vater, Sohn und Heiligem Geist umfasst.

Geistliche Gemeinschaft ist kein Ideal, sondern eine göttliche Wirklichkeit. Die ist aber immer auch spannungsvoll. Es ist nicht einfach so, dass die Gemeinschaft uns trägt, wie viele meinen und für sich ersehnen. Denn die Gemeinschaft sind ja *wir selbst*. Erst müssen wir die Gemeinschaft tragen, dann trägt sie auch uns. Und das geht, weil Jesus uns alle miteinander trägt. Wie jemand einmal sagte: »Geistliche Gemeinschaft ist kumulierte Erbsünde und kumulierte Gnade« (F. *von Heereman*).

Heute sind wir eine Gemeinschaft mit vielfachen Gegensätzen und spannungsvollen Gefügen. Da sind die Generationen – die Geschlechter – die Lebensstände – die Kirchen – die Völker und Rassen; da ist Jung und Alt – Mann und Frau – Ehelosigkeit (Zölibat) und Ehe – evangelisch, katholisch, freikirchlich – Ost und West – schwarz und weiß – gemeinsam und allein – beten und arbeiten. Nicht nur darüber reden, sondern es *leben*, das

---

3   Vgl. dazu auch den vorigen Beitrag.

ist die Herausforderung. Von Jesus Christus als Mitte unseres Lebens her ordnet sich alles einander zu, ohne an Eigenprofil zu verlieren.

Abkürzungsverzeichnis

Die Abkürzungen entsprechen Siegfried M. Schwertner, IATG³, Berlin/Boston 2017. Darüber hinaus gelten folgende Abkürzungen:

Bo	die koptisch-bohairische Lebensbeschreibung Pachoms
CIIR	Internationaler und interkonfessioneller Kongress für Ordensleute (Congresso internazionale interconfessionale dei religiosi)
d. Gr.	der Große
Dial.	Gregor d. Gr., Dialoge
freikirchl.	freikirchlich
G1	die erste griechische Lebensbeschreibung Pachoms
KevK	Konferenz evangelischer Kommunitäten
LKRR	Lexikon für Kirchen- und Religionsrecht, 4 Bde., Paderborn: Ferdinand Schöningh, 2019–2021
OJC	Offensive junger Christen
Prol	Prolog
RB	*Regula Benedicti*. Die Benedikts-Regel
S3	die dritte koptisch-sahidische Lebensbeschreibung Pachoms
TB	Taschenbuch
TGG	Treffen geistlicher Gemeinschaften
v. g. L.	»vom gemeinsamen Leben«
Vit Ant	*Vita Antonii* (Lebensbeschreibung Antonios' d. Gr. von Athanasios v. Alexandrien)

Verzeichnis der Erstveröffentlichungen

Der Protestantismus und die evangelischen Kommunitäten, KuD 42 (1996), 272-284.

Dem Geist Raum geben. Die Spiritualität evangelischer Kommunitäten, EK 30 (1997), 257-260.

Eine Theologie der geistlichen Gemeinschaften in der evangelischen Kirche? Werkstattgespräch (2.-4. April Selbitz, 2019), GuL 93 (2020), 54-57.

»Dem Gottesdienst nichts vorziehen«, in: OLIVER KOHLER/ MANFRED SIEBALD (Hg.), Gottesdienst feiern. Ein Werkbuch aus der Gemeindepraxis, Gießen 1995, 42-47.

Die Entstehung von Kommunitäten in den Kirchen der Reformation, in: ATTINA LEXUTT/VOLKER ORTMANN/VOLKER MANTEY (Hg.), Reformation und Mönchtum, Mohr Siebeck Tübingen 2008, 241-264.

Gemeinsames Leben – verbeult und gesegnet. Wie Kommunitäten im Scheitern wachsen (können), in: CHRISTIAN EYSELEIN/ TOBIAS KASPARI (Hrsg.), Glauben üben. Praxisfelder evangelischer Aszetik. Festschrift für Christel Keller-Wentorf zum 80. Geburtstag, Leipzig 2022, 41-45.

Gibt es ein »Gründercharisma«? GuL 69 (1996), 297-309.

Monastische Wurzeln der Spiritualität in den evangelischen Kommunitäten, in: HERMANN SCHOENAUER (Hg.), Spiritualität und innovative Unternehmensführung (Dynamisch Leben gestalten 3), © Mohr Siebeck Tübingen 2012, 108-123.

Zuneigung, in: FRIEDRICH ASCHOFF/BR. FRANZISKUS JOEST/ P. MICHAEL MARMANN (Hg.), Zuneigung. Christliche Perspektiven für Europa, Hünfelden 2007, 9-11.

Der dreieine Gott und die Gemeinschaft der Menschen, GuL 73 (2000), 132-137.

Versöhnte Vielfalt – die ökumenische Berufung der Jesus-Bruderschaft Gnadenthal, in: Brücke der Hoffnung. Zeitschrift der Armen Dienstmägde Jesu Christi, Nr. 99, Juli 2017, 7–9.

Die »Jesus-Bruderschaft«. Deutung und Bedeutung ihres Namens, ErKiGe Nr. 69 IV, 1996, 43.

Frei für Gott. Jesus-Bruderschaft Gnadenthal – *1961, in: ANNA-MARIA AUS DER WIESCHE/FRANK LILIE (Hg.), Kloster auf Evangelisch. Berichte aus dem gemeinsamen Leben. Mit einem Geleitwort von Altbischof Jürgen Johannesdotter, Münsterschwarzach 2016, 22–26.

Die Familienkommunität der Jesus-Bruderschaft, unter dem Titel: »Aller guten Dinge sind drei. Die Familiengemeinschaft«, erschienen in: BR. FRANZISKUS JOEST (Hg.), Jesus-Bruderschaft Gnadenthal. Geschichte, Glaube, Gemeinschaft. Unser Leben auf den Punkt gebracht, Holzgerlingen 2019, 20–25.

Einheit, Vielfalt – und Konflikt, unter den Titeln »Einheit und Vielfalt – der dreieinige Gott« und: »Harmoniegemeinschaft? – Von wegen!« erschienen ebd., 26–34.

Wolfgang Ratzmann
Andacht verstehen und gestalten

gemeinsam gottesdienst gestalten (ggg) | 34

280 Seiten | 12,5 x 20,5 cm
Hardcover
ISBN 978-3-374-07073-2
EUR 26,00 [D]

eISBN (PDF) 978-3-374-07074-9
EUR 19,99 [D]

Im Gemeindeleben spielen nicht nur die liturgisch geprägten Sonn- und Festtagsgottesdienste eine Rolle, sondern auch vielfältige Formen von Andachten. Durch ihre Flexibilität eignen sie sich für Zusammenkünfte in kleinen Gruppen ebenso wie für offene Gottesdienste, die mit liturgisch ungeübten Teilnehmenden rechnen. Dennoch spielen Andachten als Lehrgegenstand in der Ausbildung für kirchliche Mitarbeitende oft nur eine Nebenrolle, und es gibt kaum Literatur, die ihnen oder anderen Interessierten Hinweise zum Verständnis von Andacht und zu ihrer praktischen Gestaltung geben würde.

Diesem Mangel versucht das vorliegende Buch zu begegnen. Der erste Teil führt in Geschichte, Sinn und Bedeutung der Andacht ein. Im zweiten Teil werden vielfältige praktische Hinweise zur inhaltlichen und formalen Gestaltung von Andachten gegeben.

EVANGELISCHE VERLAGSANSTALT
Leipzig www.eva-leipzig.de

Tel +49 (0) 341/ 7 11 41 -44   shop@eva-leipzig.de

Peter Bubmann
Musik. Spiritualität. Lebenskunst
Studien zu Ästhetik und Musik aus theologischer Perspektive

Beiträge zu Liturgie und Spiritualität (Lit) | 35

436 Seiten | 14,5 x 21,5 cm
Paperback
ISBN 978-3-374-07193-7
EUR 48,00 [D]

eISBN (PDF) 978-3-374-07194-4
EUR 44,99 [D]

Musik trägt zur religiösen Lebenskunst bei. Wie das geschieht und wie es theologisch zu würdigen ist, zeigen die Beiträge dieses Bandes. Musik konnte vor allem im Protestantismus zum herausragenden Medium spiritueller Erfahrungen werden. Sie lässt sich als Spiel der Freiheit theologisch wertschätzen. Und in ihr spiegeln sich in unterschiedlicher Weise Gottesbilder. Zugleich wird in der Kirche um Stile und Formen von musikalischer Praxis gerungen. Das Neue Geistliche Lied, Gospel oder etwa Techno kommen auf den Prüfstand. Worin die Chancen des Musizierens im Gottesdienst, in der Gemeindeentwicklung und in der religiösen Bildungsarbeit liegen, wird aufgezeigt. Und es wird herausgearbeitet, dass das Singen auch weiterhin in der Öffentlichkeit zu den Merkmalen christlichen Glaubens zählt.

EVANGELISCHE VERLAGSANSTALT
Leipzig www.eva-leipzig.de